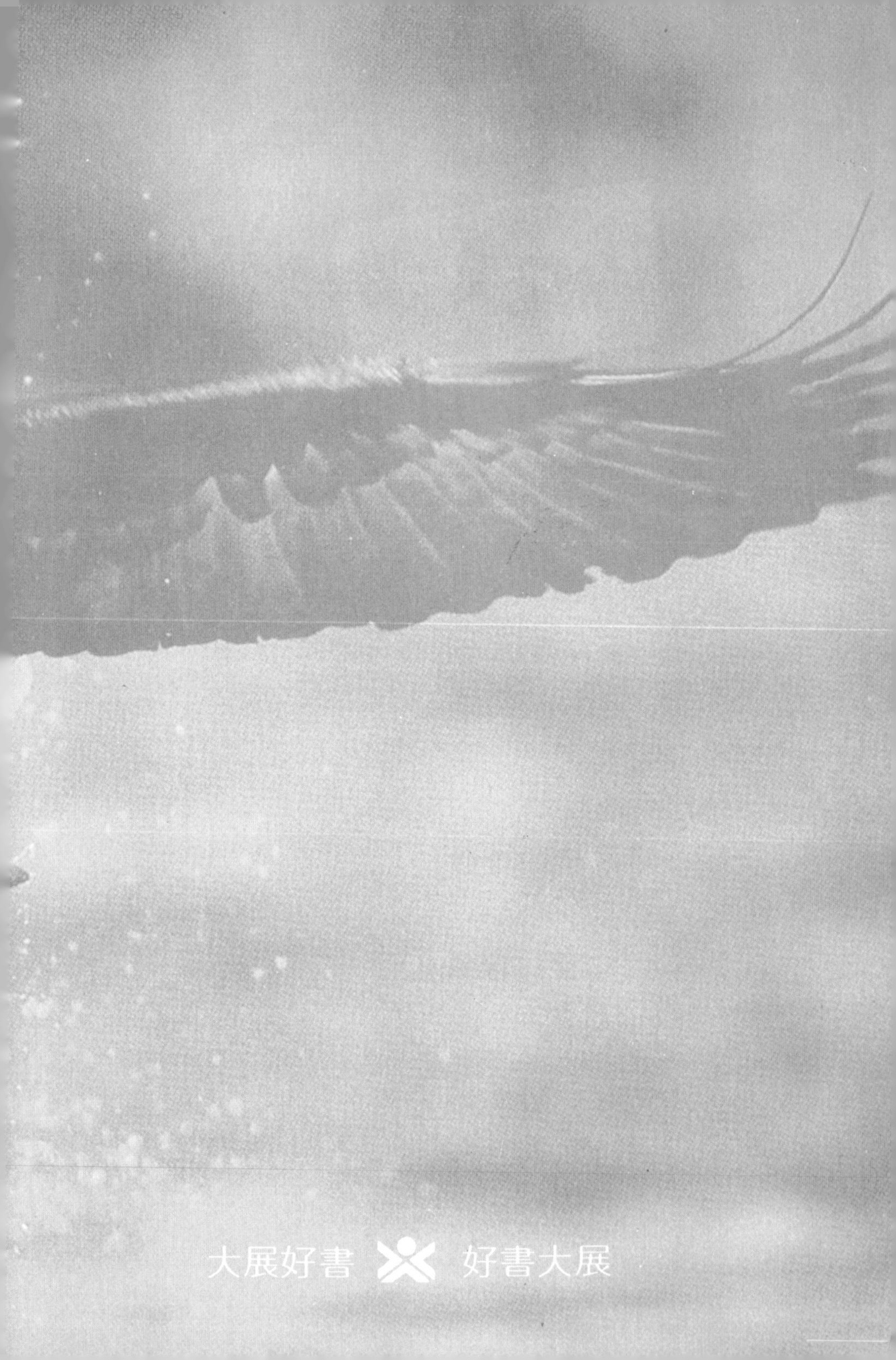
大展好書 好書大展

大展好書 好書大展

精 選 系 列 17

# 由女變男的我

虎井正衛/著
林 瑞 玉/譯

大展出版社有限公司
DAH-JAAN PUBLISHING CO., LTD.

# 前言

我最初把這本書命名為『變性者的真實』。希望世人能夠了解到被大衆媒體扭曲的變性者的真正姿態，因此命名為『變性者的真實』。這的確是夠明快，能強而有力的引起讀者閱讀慾的標題。

但是，其他人都說「這個題目太過生硬」。還說「既然是論文就該使用軟性一點的題目」，因此才有書名的誕生。

而我就是那個不論是看手相或算命，所有鑑定均判定為「想法又臭又硬、頑固，不知變通」的石部金吉。其實我並不喜歡『由女變男的我』這個過於軟性的書名。

的確，我是女性變為男性，這是事實。擁有女性的性器，文件上也註明是女性（對於目前的法律，仍然感到遺憾）。但是是女性的地方也只有這部份而已。

在閱讀完本書之後，若大家能了解到我的想法，那麼本書的目的即已達成一半。希望閱讀本書的你能與我不同，擁有較軟性的思考。

「為了保護個人隱私權，人名、團體名稱等部份使用假名。」

# 目　錄

# 第一章

## 我變成男人的理由

——雖然是我自己命名的，但是我並不喜歡這個題目。不應該說「變成男人」，而是應該說「擁有男人的身軀」。但是我想如果清楚「想要變性的理由」的人，即使不變性也無妨，只要努力去除這些理由即可。

也就是說，如果我的標題命名爲「我想變成男人身軀的理由不明」，這樣的題目的確又臭又長。

## 關於TV・TG・TS的個人看法

現在我使用TG這個簡稱。在本書中這個簡稱會經常出現。一般人大概不熟悉，我引用一下以變性（希望）者及其周邊爲對象所發行的『FTM日本』雜誌每次刊載的「用語解說」。

FTM——Female To Male（女變男）。

MTF——Male To Female（男變女）。

TV——Transvestism・Transvestite（異性裝嗜好、異性裝嗜好者）。FTMTV就是著男裝時情緒非常穩定，彷彿回到原來的自己。而MTFTV則是加上伴隨性興奮的解釋。

ＴＧ——Transgenderism・Transgender。廣義的說法是介於ＴＶ和ＴＳ中間，扮演異性性角色的人。例如FTMTG是希望被看成是男人，若無法被當成男人就會很不服氣，因此會使用男性荷爾蒙，甚至切除乳房，但是大部份的人幾乎都不會任意改變性器。

ＴＳ——Transsexualism・Transsexual（變性症「註：性別轉換症」）。變性症者「註：性轉換者」）。若是Ftmts的話是希望有陰莖，在赤裸時一定要使自己看起來像個男人，否則會很不高興「註：在本書中有時也使用「ＴＳ＝性別轉換」）。

純男——生下來即是男人，從不懷疑自己性別的人。

純女——生下來即是女人，從不懷疑自己性別的人。

這本雜誌有些性科學專家閱讀，從來沒有人提出抱怨，所以我想這個解說應是正確的。

最重要的是ＴＧ的解說中「廣義的說法包括ＴＶ和ＴＳ在內」這一點，這就是一般世人的ＴＧ觀。對世人而言即使純男著女裝，上半身再弄個假乳房，但下半身也不會輕易去改變，這些在酒吧上班的人妖是若不把自己裝成女人，就會很不高興的ＴＳＬ，但在普通女上班族的「女性」們，則認爲他們是男同性戀者的一種。（男同性戀者）這個稱呼雖不是很正確，但也可以包含在廣義的TG範圍內。

但是這個說法太過廣泛，例如同是亞洲人，但中國人不是日本人，日本人不是中國人。雖然我很贊成榮辱共存的想法，但是尊重彼此的民族性更好。

那麼到底有什麼不同呢？

TG是屬於社會的性別，而TS則是以眞正的性別爲優先事項。

所謂社會性別就是說考慮到底是要以男人的身份面對周圍衆人，還是要以女人的身份面對周圍衆人。

而性別則是指生物學上的性別，也就是男體還是女體。

社會性別的問題在於周圍（社會），眞正的性別問題在於自己。

此外超越興趣範圍，一定要異性裝扮（TV）的人，首先必須先考慮到周遭的眼光，所以應屬狹義的TG範圍。那麼，我們就來探討TG和TS這二個問題吧！（有些人會產生混亂，因此在此所使用的『TG』是指「想扮演異性性角色」的狹義TG）。

例如有一個人漂流到無人島，他/她是TG的話，在周圍無人的狀態下精神會得到很大的解放。因爲周圍的人常會以「是男?是女?」的眼光來看待，不論是痛苦或是快感，總之，精神上都會感到疲憊——。而在無人時才能完完全全的做他/她自己。

但是若此人是TS，雖能達到某種程度的解放，但基本上卻無濟於事。在赤裸裸的時候是「無法成爲自己希望的肉體」的狀況，即使周圍有幾十億人，仍會覺得非常孤單。而此人會一直孤獨的認爲「我擁有錯誤的身體」而終其一生……。

換個比喻。

突然有個神出現，對某個FTM（♀→♂）說：

「我想給你不管是誰看起來都是男人，而且會是個幸福、出色的公司幹部，有著美好人生。但是在脫光衣服之後，你仍保有女人的身體。

另外一個選擇是穿了裙子像個女人，過著一般女上班族的生活，周圍的人也視你爲女人，但是衣服一脫卻又是個不折不扣的男人身體，你會選擇哪一種人生呢？」

——TG會選擇前者，而TS則會選擇後者。

這是比較極端的說法。當然有很多的TS仍會作異性裝扮走在自己的人生道路上。但是若要二選一，追求肉體上的性別對TS而言比實際生活更重要。所以對TS而言，性器仍是最大的課題。

但是也有這樣的例子，實際上肉體是男人，但法律上卻不是男人，這個問題將在別章中討論。

相信各位已經了解了吧！

若是TS的話，不管周圍的人怎麼想，只要不被自己的性器背叛即可。若是Ftmts的話，有陰莖著女裝仍是可以忍受的事。雖是男人卻打扮成女人，這是他們可以接受的事情。

沒有陰莖時會覺得不對勁。反之，若別人誤認他爲女人時會怒火中燒。若是性器背叛自己，即使周遭把你當男人「對待」，這樣仍嫌不夠，如果不能打從心底認爲自己是男人就會感到不安。

Ftmts即使穿著男裝，周圍的人也視其爲男性，但是並不會打從心底認定自己是個男人，而自己卻又很厭惡這種感覺，若有陰莖的話情況或許完全不同。希望自己身心性別一致，成爲眞正的男人，這是TS走的路。在肉體上至少要擁有自己希望的性別，認爲這才是眞正的人生。

在電視上經常看到有些人女扮男裝，或是男扮女裝，這些人都屬於TG的範圍。即使下半身動了手術，如果衆人無異議，還是可以留在原先工作的場所工作，這並非眞的想變成男人或女人，而是「想變性」。事實上若眞的變性之後也無法忘記自己曾做過變性手術。若是MTF的話?可能會轉職爲公司女職員或百貨公司服務人員;若是FTM,則可能成爲上班族或快遞人員。

事實上,TG人在工作時也不會遇到任何困難,因爲在外國這也是受人認同的文化。但是TS則不願被人另眼看待,希望成爲平凡的男性或女性,融入市民生活中。在這一點兩者是不同的。

——有很多人並不贊同做TG或TS的區分,實際上看一些大衆傳播媒體所做的事就可以了解。相反的「因爲不清楚自己的性別而感到不安;現在知道別人如何稱呼自己,反而覺得眼前一片光明」,有這種想法的人也不少。

不喜歡被區分的以TG的人占絕大多數,而且在這種情況之下大多會比TV(異性裝)更進一步,使用荷爾劑或動上半身手術的TG者占多數。

不知自己到底是男是女,感覺非常惶恐,像TS在不確定的狀態下會覺得非常不安。在我認爲,TG比TS,TV比TG更幸福。如果說TV是發炎,則TG是潰瘍,TS就是癌了。如果必須去除的話當然是癌、腫瘤了。但是爲什麼有人嚮往這種重症患者呢?

若要確實加以區分的話,從TV到TG,從TG到TS,因症狀惡化而動手術的大有人在。但是或許這個人本來就是個TS，只是自己發覺得太晚了……。

世界上有各式各樣的人，眞的很有趣。

然而將TS區分出來探討，也是一大幫助。「比TG症狀更嚴重，需要動手術」，若沒有這種診斷書就毋須動手術。不論是在肉體上或是法律上，都不能夠擁有錯誤的性別而生存，這是非常嚴重的問題，雖然也可以和「自己心愛的人一起努力」，但是想到將來的生活規劃時，對於精神和肉體及法律上的性別需能夠統一，對於TS的這種想法，希望各位也能探討一番。

因爲有這個願望，所以我透過本書來探討Ftmts，這也是我的一大目的。

如前面所述，想要成爲社會所接納的TS，要以自己希望的性別融入一般市民的生活是很困難的，因此而感到迷惘。本書中所表明的與一般雜誌所刊載的報導是不同的。

現在時機已經到來。

日本改變的時候已到。

## 性別自認與性愛對象

ＴＳ——變性——有各種不同的說法，包括性別違和感（不快）症候群，性別自己同一性障礙……。

我希望大家把ＴＳ認為是性自認障礙。治療是一種復健，手術 是回歸社會的手段。回歸社會之後法律也需要保障個人的權利。

為什麼要稱其為障礙呢？稍後再為各位叙述，首先來探討一下什麼是性別自認。

如字面上的意思，性別自認就是承認自己的性別。若有男人的身體就要認定自己是男人，擁有女人的身體就要有自己是女人的認識。

男同性戀者或是女同性戀者等同性戀的人，在性別自認上並沒有問題。他們／她們的問題在於性別——性欲求的對象到底要選擇何種性別。若是自認為是男性而愛男人，自認為是女性又愛女人，那麼就是同性戀者。雙方都互相承認為同性戀者。

ＴＳ——例如像我這種Ftmts，在女同性戀者當中，大多扮演男性的角色。事實上因為我自認為自己是男性，即使在手術前是女人的身體，但是我喜歡的是女人，因此對我而言我是異性愛。喜歡男人時，對我而言，『同性戀』才能成立。

大家或許沒聽過，當Ftmts同志之間互相喜愛時則稱爲同性戀——男同性戀。此外，Ftmts進入男同性戀的世界，在歐美經常發生。若性別自認與性欲求對象不同時，只要自認爲是男性，即使擁有女人的身體，也能夠成爲男同性戀者。

——我想到一件事一定要提出來。

現在的「手術前的FTM男同性戀者」的例子中，如果〈他〉認爲「因爲我們是男人之間談戀愛，所以我想要有陰莖」，那麼〈他〉就不被信任爲一個TS。

……簡單的說，像我這種FTM，不會「因爲想與女人做愛而想要有陰莖」「因爲愛女人所以想成爲男人」等這些理由而想成爲TS。

我一直想：「如果手術後不能和任何人進行性行爲也無所謂，因爲我想擁有男人的性器。戀愛倒在其次」。

對Ftmts而言，男人的性器就等於承認自己的性別，也是確認自己是男人的道具。不見得要發揮機能，只要有就好了，具有一種象徵的作用，因而希望趕緊得到才能安心。

看到這裡的你，想想如果你是天生就擁有男體的純男，情況又是如何呢？有一天早晨起床時突然發現男性象徵不見了，你會有什麼樣的感覺呢？而且所有的文件上的性別都註明是〈女〉時，你該怎麼辦？你要如何去求證自己是〈男〉呢？……

這就是Ftmts。同樣的事情可能要花很長的時間才能體會。在法律上要成爲男人，首先就是要有能親眼確認的證據，這種想法也是理所當然。

那麼爲什麼擁有女體卻出現感覺是「男人」的性自認障礙呢？你想得到的TS的原因是什麼呢？

## 女人的身體、男人的大腦

約在十年前，有人說：「TS是在幼兒期的性自認學習期中，因爲某種原因被印上異性性自認所造成的。」但是現在另外一種說法的力量增強了，也就是說「TS是因腦和性器的性別不一致所造成的」。

在數年前看到這個說法時，我認爲「這個說法才是確實的」。在去年秋天見到幾位報紙、雜誌的記者時，他們也全都支持這個說法。

精通醫學的Mtfts的朋友也說：「現在在學界，這已是主流的說法了。」性染色體爲女型（XX），擁有女性性器，但是後來因爲荷爾蒙作用腦變成男性化，於是就成了Ftmts。我們來看看這方面的說法。

首先就是前奏。

妊娠中期的胎兒，就是浮在子宮內女性荷爾蒙海中的存在體。（成爲男性時）腦就沐浴在從睪丸所產生的男性荷爾蒙當中。但是這並非靠睪丸獨自的力量所進行的，是在腦的性中樞（正確 說法是在丘腦下部，兩眼中間深處，兩耳洞連結線附近）刺激其下方的腦下垂體產生荷爾蒙，腦下垂體分泌刺激睪丸的荷爾蒙，促進睪丸分泌男性荷爾蒙。這個荷爾蒙充分送達腦的性中樞，腦就會男性化。以箭頭來表示，即是性中樞→腦下垂體→睪丸→性中樞，形成循環系統。

女性的情形則是性中樞→腦下垂體→卵巢。但是來自卵巢的女性荷爾蒙不會改變女性型的 中樞，因此腦還是維持女性化……。

在此，有在性科學界非常有名的報告。就是德國芬波爾特大學醫學部的達納教授，按照出生年度，將一九五九年到一九七八年間在東德特定區域出生、登記同性戀者的人加以調查，發現在第二次世界大戰中和戰爭剛結束後的期間內有明顯增加的趨勢。因此達納教授推論原因如下：

「可能在戰爭那種狀態中給予母體強烈的壓力，而經過一些過程，使得來自胎兒男性睪丸的雄激素（男性荷爾蒙）分泌降低，因此無法充分進行腦的男性化分化。」（根據八〇度日本內分泌學會的演講。括弧為筆者「註：野村進」）

同性戀者的原因之一是胎兒時期造成的，這是新的說法，使得衆人認為以往主因是在心理發展階段的偏差所造成的學說感到懷疑，在世界上引起很大的回響。事實上現在華納說幾乎已廣泛的成為定論了……。

這種被認為最困難的性分化的變性症，應該是從腦開始的。（野村進『不死的身體——現在發生在醫學上的事』）

接下來是主題。

「註：Ftmts的述懷」從小我一直都認為自己是男人。但是身體卻是……。

這樣的例子在歐美醫學上分類為（性轉向症）。可能是胎兒期的荷爾蒙異常導致女人的身體，男人的大腦，或是男人的身體，女人的大腦，而像這樣子的人，五萬人中約有一人無法接受自己的性別。

（「讀賣新聞」一九九五年十一月十八日早報）

「最近學說認為男女的性別差異不單只有身體，也在於腦，這種想法已成主流。身體是女性，但頭腦是男性的例子也有，這種不平衡的狀態，有可能對精神方面造成不良影響，因此最好進行變性手術的想法也成立了。」（世界性科學學會副會長、野末源一山王醫院理事）。

（「週刊ＳＰＡ！」一九九年十二月六日號）

以下敘述稍微長一點……是引用『性別與頭腦』一書中的內容。

「第一性別的喜好並非天生，而是學習而來的，這種想法認爲基因上的性別（ＸＸ或ＸＹ）或是社會的性別這二方面都應經過學習而達到一致，大部份的人都是如此。若不一致時——例如同性戀者或是變性者——在孩提時代或青年期有過混亂心理經驗的結果，造成這種不一致的現象。第二即是性別也是由學習而來的，不管遺傳上的性別如何，小孩子可學習成爲男人或女人。但是過了一定年齡之後再指定性別就會追成混亂。一旦經過學習刻劃在腦海中後就很難再抹煞。

當時證明這些主張的有名例子，發揮了自然法律的力量。（中略）一九六〇年代初期的美國，有一對同卵雙胞胎中的一位男孩，在出生後七個月動割禮手術時切斷了陰莖。父母和瓊斯．霍普金斯大學的約翰．馬尼在內的醫師團，在多次討論之後，決定將這男孩當成女孩，視爲妹妹來撫養。出生後第十七個月並進行摘除睪丸的手術，做假

的陰道。後來並投與大量女性荷爾蒙，模擬女性青春期的成長狀況。（中略）

『男性、女性這種傳統的型態是會改變的。因此對於性別差異是因受精時由基因所造成的這種理論感到懷疑。』

瑪斯塔斯和詹森認爲，『這個例子顯示出在性別形成時學習的重要』。而發表這個例子的約翰・馬尼在書中談及『三個人（父母及孩子）對於這個決定能否適應，只要看這個少女就能一目瞭然了』。（中略）……夏威夷大學的彌爾頓・戴亞蒙德說……『我一開始就懷疑這個例子的可信度……在一九六五年當時，基於自己的研究和科學上的文獻，認爲性的意識以自然爲重要的要因，生物學的遺產成爲將來個人行動的基本。性別的多樣性是在子宮內決定的。』

一九六五年彌爾頓・戴亞蒙德收集所有的資料，發表證明人腦胎兒期性別分化的論文。這可以說是這方面最早的科學文獻。後來他也持續發表相同路線的報告。一九七九年他參與了英國ＢＢＣ電視公司對於美國這對雙胞胎所製作的節目。……

『在製作節目時，製作人去拜訪了三年前已是十三歲的少女（陰莖被切斷，被當成女孩撫養的男雙胞胎中的一個）的精神醫生。』戴亞蒙德說：『後來發現她並不如宣傳中那麼好。她面臨了嚴重的問題，完全閉口不談性別的問題，而且不確信自己成爲女孩的立場。有的精神科醫生說：『她有嚴重的心理問題』。在製作節目當時，熟知這個雙胞胎例子的某位精神科醫生說，她很會畫男孩，但卻拒絕畫女孩，她認爲男孩的人生較輕鬆，並希望成爲一位機械工。她希望自己看起來像個男孩，對於自己目前的立場很沒有自信，覺得自己很不幸。而某位精神科醫生則說：『要適應自己是個女孩是相當痛苦的一件事，她顯示出適應不良的特性』……。

彌爾頓·戴亞蒙德說明所有自然事故的實驗研究。（中略）

『包括科學家在內，我想所有人都必須看清楚，眼前的證據都會成爲將來男女性別意識的基礎，事實證明基礎的方向就在於出生前腦的差距。當然男女的行動是不可能事先決定的，但是方向已經決定好了。而社會的行動、技能、能力的基本要素也是相同的。』」

在八月十四日的座談會「註：參照第五章」的前一個月，在東北進行另一個學會，當時和前來日本的彌爾頓·戴亞蒙德博士及虎井很幸運的在某家餐廳談了四小時的話！

戴著紅色帽子，穿著水藍色襯衫，卡其色半短褲，留著長長鬍鬚的博士，感覺像是夏天的聖誕老公公，令人不禁懷疑「這位就是大博士嗎？」已過了六十歲的他，在當時竟喝了三杯酒，令人感到驚訝！

再回到問題的核心。虎井以「也許我的TS是因母親在懷孕時使用荷爾劑的關係所造成的」，開始用破英文和這位大學者交談。

（「FIM日本」6號）

——請教戴亞蒙德博士時，他說TS是在母親妊娠二、三個月的時候，胎兒約數公分時就已經具有TS的腦了。如果屬實的話，那麼TS成爲TS的責任就不在TS本身了。

實際上，若TS的症狀如博士所說，是先天的來自身體的影響，那麼就更應承認TS的人權，讓他們接受合法的治療，而且讓TS後的戶籍變更更容易辦理才對，博士說：「根據目前的研究，無法證明所有的例子都是先天造成的，還需更進一步的調查。」

現在在加州聖荷西聚集了各一百名的MTF和FTM，在他們腦內植入MRI（核磁氣共鳴映像法）加以調查。也許在本書出版時就有結果出現了。爲了探索TS的原因而從腦出發的這條路，今後仍要繼續走下去。

那麼，我是否擁有男人的頭腦呢？

至少就胎兒期荷爾蒙異常這點來看，如前所述，我覺得眞的是如此。

黃體在排卵時在卵巢開始發達，分泌荷爾蒙。黃體荷爾蒙具有使子宮內膜發達，做好懷孕準備，當懷孕開始時維持懷孕的作用，因此若缺乏黃體荷爾蒙容易導致流產。

對於有流產之虞的懷孕而言，會頻繁的使用黃體荷爾蒙……但是黃體荷爾蒙會引起胎兒畸形……以女孩的陰蒂肥大的例子最多，且黃體荷爾蒙大多有使女人性器男性化的副作用。尤其在懷孕初期使用更是危險。

（田村豊幸『藥是毒──「副作用」從幼兒到老人』）

我的母親很容易流產，因此「在懷孕初期」常大量使用這種荷爾蒙。醫師曾警告過她「生下來若是女兒可能會像男孩喔」。現在這種藥物已經禁止使用了。

陰蒂比普通女孩稍大，在二十三歲時接受美國ＴＳ專科醫生檢查的我，醫生對我說：「你擁有十七、八歲平均男子的體毛分布」，也就是說我的毛較濃。我的生理期一年只有二、三次，開始後二、三天就結束了。整體而言是較偏向於男性。高中時就算穿著裙子走路，別人仍會以爲我是少年。有著義大利人般的濃眉，從中學開始別人就說我的眉毛很粗，而且嘴巴周圍也長毛。

根據ＴＳ的內分泌研究權威華特．法塔威特博士的研究，實際上六成的Ftmts都有卵巢功能異常的現象。而我好像是其中的一人。

也就是說，ＴＳ並非精神異常，大多是肉體的異常。胎兒期荷爾蒙的異常製造出與性染色體相反性別的腦，且至少有六成的Ftmts有性腺機能障礙的現象。

並不是你想成爲ＴＳ就能成爲ＴＳ。

我認爲這是先天所造成的。

當然責任不在自己，也不在父母。

我認爲是大腦持續主張「我的身體是錯誤的」。

當我的心理開始成長時，我就已經認定自己是「男的」。屬於女性的部份只有肉體及文件上的記載而已。

「由女變男的我」，事實上是「由女體變成男體的我」。

因爲，打從心底我就不認爲自己是「女的」。

## 擁有女體時

對於世人所說的「像男人、像女人」，我並沒有異議。如果不像的話也不好。有些看起來娘娘腔的男人，我眞想揍他一拳，看起來像男人的女人，我認爲她應該「更溫柔一點」。男人要像男人，女人要像女人，這是我最喜歡的一點（頭腦守舊的ＴＳ很多）。

但是再怎麼像女人的男人，若性別自認爲男人那就是男人；而認爲自己不是男人的女人，只要性別自認爲女人就要尊重她的想法。

而我本身雖然一點都不像男人，但是我的性別自認爲是男人。雖然在理科及運動方面都不行，又膽小、畏畏縮縮的，再加上皮膚白、睫毛長，但是我仍認爲「自己是個男人」。

當我告訴研究性科學的知己時，他說像我這種ＴＳ眞是罕見。而我的ＦＴＭ的朋友中，像我這樣的人卻很多。

擁有男人的心態，認爲若要表現自己的話，應該要有男人的個性才對，否則就太過勉強了。可是若沒有男體的話，說什麼都沒有用。認爲只有在變成男體的狀態下身心才能一致的我，事實上也很少面露兇相走在大街上。

在變成男體之前——

從上半身往下看，總覺得很不對勁，這已是十年前的事了。

當時每天都覺得好像要死了那麼的痛苦，但是時間眞的是非常偉大的藥師，現在我已經完全忘記那些痛苦了。
回顧TS以前的人生——就好像是黑白畫面般的浮在眼前。但是那的確是我以往的生活。
我仍無法擁有實際的感覺。
我有一個秘密武器，就是一九八七年五月二十九日號的「朝日雜誌」。
那是我首次對外公開「我是FTM」。即使過了幾年以後，遇到新的同志，他們還會說：「我最初知道虎井同志，就是看了『朝日雜誌』」。這的確是值得紀念的一本雜誌。
執筆的動機很不單純，當時我是爲了「湊足TS的手術費」，主動打電話給「朝日雜誌」的編輯部，最初聽電話的編輯不感興趣並沒有完成這份報導。附帶一提，當時的稿費相當於TS手術全費用的百分之一。
如今再看這份報導，發現上面所寫的不是「我想變成男體」，而是「我想變成男人」。仔細想想在這篇報導之後，有幾十個地方派人來訪問我或是要我寫手記。而我可能是平常訓練有素，所以能夠正確的掌握住誰能傳達我想要表達的事實，所以看到這篇錯誤的報導時，我認爲……。實在太單純了。

的確，現在映入我眼簾中的是我已經忘掉的在TS治療以前每天痛苦的記敘。是的，我的確經歷過那些苦難。但是俗話說過喉忘了熱，這眞是如『地獄火焰』般的熱——。

結束TS，現在的我眞的是非常幸福。眞的非常幸福。

擁有女體時，即使再高興、再快樂，那也不是打從心底的喜悅，因爲性格不對，我不是一個作業沒有寫完就敢放心去玩的孩子。當時腦海中經常有一種想法，「算是虛弱兒不知能否動TS的手術？是否能夠存到那麼多錢去動手術」，宛如在充滿薄霧的環境中生活了十幾年。

現在又如何呢？

在遇到與法定文件有關的場面時，我必須掩飾羞恥，親戚們都和我斷絕關係，過著掩人耳目的生活，父親因腦血管梗塞而倒下，半身麻痺，患有高血壓易引起心臟病發作的母親擔心我，限制我外出，我見不到友人及女朋友，工作不順，存款減少。

但是我還是覺得每天都很幸福。

一邊喝著咖啡一邊看早報，或是只能深夜看電視的橄欖球賽，光是這樣我就已經認爲「自己是世界上最幸福的人了」。

能活著太好了，眞的是太棒了。

謝謝！謝謝！

應該成爲ＴＳ的人若無法成爲ＴＳ，就無法達到這個境地。

最近看到『朝日雜誌』一篇報導結尾時的說明，覺得好像看到一線光明一樣。

一九七九年度成爲普立茲獎候選作品的瑪里歐・馬爾提諾『ＥＭＥＲＧＥＮＣＥ（出現）』這一本書。約二十年前，由女性變性爲男性的瑪爾提諾，在本書中寫下自己從迷宮中走到光明世界的奮鬥記錄，這好像是他的博士論文一般。根據我的記憶，他得到看護的資格以及心理學博士的頭銜，而且也是修道士。是我們這些變性症者的理想，而這位理想中的人，我才剛在紐約見到他。

我在九歲時就抱著要由女變男的變性志願。在此之前，我並不清楚自己是女性還是男性。但是在偶然被誤認爲是男孩時（不，他們並非認錯了，而是看穿我的本質！）我反而會覺得心頭小鹿亂撞，雀躍不已。看到男性健壯的腹肌時，我心裡就會想「以後我也要和他們一樣」。

——像這樣有著男人的想法是否是一種矛盾呢?我不這麼認爲。幼兒期的男孩應該不會在「我是男孩，不是女孩，我是男的」的想法下過活吧！(若眞是如此，我認爲性別自認反而會出現一些問題。通常不會特別意識到這些問題。)但是經常讓我穿女裝，即使如此仍有人把我看成「男孩」時，我反而會很高興的認爲「眞是了解我」。

後來在接受訪問時，我描述當時的心境，「隨著年齡增長，變成男體的慾望越強」。

打破夢想是在小學五年級時，看到「男女的差別」這類的電影，才發覺原來自己是女孩，因此感到非常的絕望。並不是我想要的性別，當時我是淸楚的認定「我應該是成爲男孩的人」。

但是我卻是女孩，這似乎是難以改變的事實。我在看了那部該被詛咒的電影之後，有好幾天情緒非常低落。因爲是幼稚的孩子，所以還沒有想到『自殺』這兩個字。若過二年再發生這種事的話，恐怕就很危險了。

有一天我回到家後，正在看電視的父母對我說：

「你長大後要變成男人嗎？」

當時電視的畫面是剛從男變性成女的麻紀在那兒笑著。這絕對不是誇張的表現，當時我眞的覺得「好像被雷打到一般」，受到很大的震撼。性別是可以改變的，那麼我不就可以變成男人了！我不需憂鬱的過一生了！當時我便下定決心，在當晚的日記上寫下「性轉換」這幾個字。

——事實上孩提時代的我曾患過風濕熱、肺炎、川崎病、重度過敏等，因此無法到外面去玩，而且又沒有兄弟姐妹，幾乎都是自己一個人讀書寫字。不要說像男孩了，甚至在女孩中我還是太靜的孩子，即使如此，我還是認爲「自己是男孩」。和女孩子們在一起時，我總會覺得格格不入。

而且周圍的女孩也有同樣的感覺。有一天有個女孩在我生日時問我：「我想送你禮物，你想要什麼？」我回答她：「什麼都可以，不知道還比較好玩呢！」這個女孩說：「可是小虎，我若送你女孩子的東西，你可能會不喜歡，我眞不知道要送什麼才好。」

——因爲身體虛弱無法積極的和男孩子們打成一片，但是與性別無關，我會和趣味相投的朋友一起靜靜的度過時光。

我還記得一件事——正確說來那已是發生三次的事情，但是三次都出現了同樣的狀況。

在就讀中學、高中的時候，總共三次，平常不和我說話的男學生跑過來對我說——「虎井，你眞的是女孩嗎？」

雖然我嚇了一跳，但是我眞的很高興。因爲在他們面前我經常都是穿著裙子，是個很乖的文藝少女，但他們仍會有這樣的疑問，對我而言，這眞像是寶石般的回憶。

從九歲開始到我到達紐約爲止，經過十四年漫長的歲月。因爲手術是必須要二十一歲以上的人才能進行，老實說，我根本不知道該做些什麼？

進入大學後，我立刻下定決心，以月經量少的名義到T醫院就診，抓著婦科醫生，請教他變性術的詳情。這位醫生是年輕又溫柔的人，他說：「你可以去請教R醫生，他比較清楚。」

於是在第二天，我趕緊打電話給R醫生，結果他說：「基於優生保護法，變性手術是被禁止的，所以只能偸偸的進行。要由女變男也必須偸偸的進行。」

後來我去拜訪A醫生，他敎我到美國的瓊斯·霍普金斯大學醫院去，當我用蹩腳的英文寫信去時，對方的回答是「並沒有進行這方面的活動。可以向加州的GATEWAY

GENDER ALLIANOE這個單位洽詢，那是具有世界規模的變性症者的團體」。於是我立刻寫信去問，對方回答：「日本也有專門機關，請與他們連絡。」

這個所謂的專門機關，是女裝者的雜誌編輯部，他們親切的借我各種資料，此外，他們還建議我說N大學的S心理學教授是變性症研究的第一把交椅，要我先和他通信（因爲N大學離我家很遠）。於是我立刻寫信給S教授，和他維持了二年的通信。

——這個女裝雜誌，就是我稍後會反覆提到的「くい～ん」。雖然現在我是提供TS情報的立場，但是當時若沒「くい～ん」的幫助，也許所有的事都會拖延好幾年。I主編，眞的很感謝你。

對我而言有什麼收穫呢？確實S教授是個好人，是個非常優秀的研究者，但是，除此之外，他什麼也不是。至少現在的日本並不期望對變性症者有眞實的了解。而對方也不是和我有同樣症狀的人。

但也不能說完全都沒有收穫。因爲S教授告訴我以瑪里歐・馬爾提諾爲主的在紐約的迷宮協會，是贊助女變男變性者的機構。於是我一邊繼續與S教授通信，一邊寫信給馬爾提諾。

——看到這些記述，可能對S教授較無禮。到紐約之前，我曾請求他：「我們通信了二年，你應該知道我在精神方面沒什麼問題，你能不能幫我寫證明呢？」但是他拒絕了，我感到很生氣。在「朝日雜誌」的報導之後，S教授還特地寫信到紐約給我，信上說：「我已經不再進行TS研究了，關於我和你通信的事，不，甚至連我的名字今後也不要隨便對別人說」。雖然他與我斷絕關係，但是對於其他的報導並沒有提出任何的抗議。可能是因爲S教授本身就是站在研究者的立場吧。後來從別處得知他目前正在進行別種研究。

此外，瑪里歐·馬爾提諾現在已經退休，協會也解散了，他自己則住在佛羅里達，其他就不得而知了。

在S教授的介紹下，和二、三位心理學家及婦科醫生用電話連絡過，但是他們在日本並沒有觀察很多變性症，尤其是女人變性症的事例，和馬爾提諾相比當然會有很大的差異。馬爾提諾並沒有將倫理的主題當成主要的探討重點，他也不懷疑變性的實現性，跟我所接觸過的日本學者完全不同。

馬爾提諾建議我嘗試，只要擔心費用即可。你最需要的就是不要在意他人的眼光。他說如果是眞的變性症者，除了手術之外別無他途，這是他周圍朋友的經驗談。在動手術之前，情緒不穩定，不管別人說什麼都不要輕易改變意志。馬先生非常了解這點。如果沒有動手術的話，別人說什麼都沒有任何效果或意義。他非常了解這點。認爲這才是治療者應有的正確態度。

爲了進行手術，於是我在大學時就一邊打工、一邊寫小說投稿。愚作曾刊載在雜誌上，且二度成爲有名的文藝雜誌新人賞的候選人。因爲這個緣故，我認識了E文藝評論家。

我想E若是個心理顧問，他一定能解救許多患者。E先生眞是一個好人。有敏銳的批評眼光，能爲我解決很多問題。我把他視爲老師，凡事都與他商量。如果沒有E先生在紐約的親戚照顧我的話，我可能要浪費更多的時間及費用。

我的這篇文章也是E先生的親戚家寫的。在我還搞不淸方向之前他們一直照顧我。這裡的人也知道我的情形，他們對我眞的很好。在我眞正遇到馬爾提諾之前，我遭遇到自己無法解決的困難，但是這一家人總是鼓勵我、幫助我，爲我開闢道路。我想只要是人格端正，即使是性別異常的人仍有人會接受你。他們給了我這樣的希望，對我幫助很大。

馬爾提諾的手又大又厚又溫暖。他誇讚我非常英俊，問我要待多久。當我告訴他我因拿不到工作簽證只能持觀光簽證入境，所以只能待半年。他竟然說這個時候足夠動乳房切除手術了，令我感到很驚訝！

「我原本就已覺悟到至少要花二年才能走到這一步。費用不夠又不能在這個國家工作，因此，我打算半年回日本工作，半年待在這裡，我想可能要花十年才能達到心願。」

他靜靜的搖頭說：

「你忘了和我通信二年的事了嗎？那也是一種心理協談。我相信你所寫的都是事實，我們趕緊開始吧！」

老實說當時我並沒有立刻領會出他的意思。並非是因爲這番話他是用英文說的，而是原本「覺悟必須花十年」才能完成的手術，現在竟然加快腳步縮短時間，令我感到難以理解。

變性手術並不是你想要就可以立刻進行的。要由心理學家進行長時間的心理輔導，認定你可以適應異性的生活之後才可以動手術。而且一開始要投與異性荷爾蒙。女性變性爲男性時要動外科手術，從切除乳房到陰莖形成要經過四個階段（註：若要做個有神經通過的完美陰莖，則要四個階段，我所做的只到第三階段而已。參照第二章）。但是後來這個非可逆的手術還是實現了。

接下來是一連串的喜悅。原本不夠的費用，現在腰部以上的部分已經足夠了。令許多日本人感到相當苦惱的日幣升值，卻使我的錢增加了一倍的價值。眞正的喜悅是在這天晚上上床以後如溫泉般湧現，令我徹夜未眠。只要進行順利的話，在八月我就能帶著一半的「想要的身體」回日本去了。能活著眞好，等待了十四年總算有意義了。

變性症的症狀，除了同症者以外，其他的人很難理解。還要承受遠超過這種理解的痛苦及辛酸。

只有自己才能體會的事，首先就是上廁所。如果是公共廁所，現在我可以堂而皇之的入男廁所，但是以前雖然討厭卻仍需去女廁所，經常都憋尿憋得臉色蒼白。而經過了中學、高中令我憎惡的穿裙子的期間之後，穿著私服搭乘電車時又引來周圍好奇的眼光。甚至有人會竊竊私語判斷我的性別，雖不喜歡聽，但仍會傳入耳中，「好像是女的」「一定是同性戀者」「啊！眞噁心」等等。雖覺厭煩，但也無可奈何。每當聽到這些話，我都會氣得咬牙切齒，無法聽而不聞。眞希望在手術結束前沒有人看到我。

之後我很憎恨我的乳房，眞不希望別人看到我凸起的乳房，我盡量用布把它裹起來。在炎熱的天氣下走路就宛如在地獄一般，而且布的線條在背後出現，看起來像是穿胸罩，頗令我難以忍受。

每當到生理期時，我會用頭去撞牆，淚流滿面。各位或許會覺得好笑，我爲了死後也要幸福的活著，因此不願自殺。可是如果我不相信死後的世界，如果對變性實現不抱任何希望的話，恐怕我早就從電車上跳下自殺了。

此外，我也憎恨沒有變聲的聲音。不喜歡接電話，在學校被老師叫起來回答問題時也覺得很討厭。在買票的窗口最討厭說「買一張學生票」。即使有很想看的電影或展覽會也只好放棄。最怕在電車上和別人說話，因此失去了很多朋友。

因爲無法忍受自己穿泳裝的樣子，所以最喜歡的海也不能去。又不喜歡到公共女澡堂去泡澡，想去洗溫泉當然也去不成。我眞的是非常痛苦。

「你爲什麼要這麼憂鬱的走在人生路上呢？爲什麼要走的那麼辛苦呢？」雖然母親對我說過好幾次，但是最痛苦的事情是，不管我再怎麼辛苦，我對她說她都不能了解。

不過，我就快要從這大部份的痛苦中解放了。經過幾百個問題的筆試及幾十小時的口試。我擁有了期待已久的荷爾蒙投與及第一階段的乳房切除手術。

……

我在衣食住行方面不需辛苦去賺錢，而且能去上大學，眞的是非常幸運，同時，普通人一生無法到達的安心立命的境界，也許我能在我有生之年到達吧。雖然父母說「成為不倫不類就是對父母不孝，不能進家門」，但是在我有生之年一定會對父母盡孝，在社會上多做善事，努力工作，而且相信神而至生命結束。

——「你在說什麼啊！TS不就是冒瀆神的行為嗎？」也許有人會這麼說。但是這是集合人類智慧達成的事情，又不是什麼極惡非道之業，從神的眼中看來，這只不過是小事一樁。與其感嘆自身的不幸，詛咒人生，虛擲光陰，倒不如得到正確的診斷，進行TS，感謝自己能活著，過著快樂的日子，相信這才是了解神的心意的生活方式。

也許會遇到驚濤駭浪，但是同志啊！不要輕言放棄。通過者多的話就會成為道路。為了使它變成乾淨的道路，每個人都需努力不懈的磨練自我。盡可能所有女性變性為男性的人，都能成為完成正確心靈的人（當然其他人也是如此）。

在日本已經有一人藉著馬爾提諾的幫助變成男性。相信還有其他人會成功。祝福他們能得到幸福。

## 彩色的人生

大學畢業典禮過後四天，懷中帶著打工賺來的一百五十萬日幣出發前往紐約，這天可說是我第二個人生的開始。

從這時候開始，回憶中出現色彩與光明。從最初注射荷爾蒙這一天開始，畫像變成彩色的。全都是天然色！

而後去除乳房……。父母認爲我很虛弱，在手術前的檢查階段就會放棄而回家了。還記得決定好動手術的日子，那天我打公用電話告知家人，騎著馬的警官陸續從我身旁經過。

實際上我在「朝日雜誌」又寫過後日談（一九八七年十二月四日號）。不過並沒有很多人知道。看到那篇報導，心中又充滿著在那個時期我已經決定好要走之路時的喜悅感及興奮感。

我的青春就在TS以及美國。

如今，對這兩方面我都不再展現如以往般的熱情。

雖然有點寂寞，但是我想可能青春時代即將結束。

以前所寫的東西中的我是二十五歲前的我，而且是採用兩人對話的形態寫成的，事實上是全由一人所寫的。

為了達到由女變性為男的目的而遠度重洋到紐約，六月動了乳房去除手術，開始荷爾蒙投與後歸國的虎井正衛，接受了住在虎井隔壁的自由打工族兼著述業的艾沙馬・伊萊特的訪問，以下就是這段記錄。由於二人算是舊識，所以能談得非常深入。

——恭喜你平安無事的回來。

虎井　謝謝。

——你現在的身體狀況如何？開始注射荷爾蒙已經五個月了吧？

虎井　很順利呀！因胸部還有手術疤痕，所以盡可能不去看醫生。儘量注意健康，還沒有感冒過呢！

——睪丸素每三週要注射一次，每次二CC，具體而言會產生何種身體變化呢？

虎井　我因為天生男性荷爾蒙過多，所以每三週只要注射一瓶，通常是二週一瓶。動過內部女性性器摘除術後，一般是一個月一瓶。個人差異不同，不過一般症狀就是最初會覺得肌膚油膩膩的，紋理粗糙，有的人膚色會變黑。頭髮變硬、體毛增加。脂肪去除，形成肌肉，體重會增加，因為肌肉較重了。而且還會長鬍子。在此之前有的人還會長青春痘。當然月經會停止，聲音變粗，性慾增強。像我是月經立刻停止，且體毛增加，但變聲的現象就較晚出現。

現在已經出現一般的徵兆了。還在陸續成長中。

——有了這些變化，對身體會不會造成不良影響呢？

虎井　當然需要嚴密的檢查。開始投與之前，爲了檢查，抽血過好幾次，我想總量大約有一瓶牛奶那麼多。如有糖尿病或肝臟疾病的人，就失去動手術的資格了。開始投與之後一年要測三次血壓，而且每年要做一次肝功能檢查。因爲膽固醇容易積存，所以不能吃瘦肉及蛋。但是我無法遵守這個規定。所以吃的時候還會喝烏龍茶。而且不可以抽煙……啊！我忘了一個最討厭的變化。

——是什麼呢？

虎井　頭髮不能再長長了，變成禿頭了（笑了）。這似乎是無法避免的命運，當然這也是因人而異。

——這麼說來，你應該是在去美國之前就已經知道這些事了吧！

虎井　是的。可是全身長得像猴子的體毛，頭髮卻變稀疏了，今後還需更小心才行。

——請讓我看一下手術的疤痕。

（虎井敞開胸前。沿著以往乳房的痕跡有著桃色的疤。）

——原來如此……這個乳頭是眞的嗎？

虎井　是眞的。所以很自然吧！令我感到悲哀的是這是先切下來再移植的，所以沒什麼感覺。用針尖去戳也不痛不癢（註：幾個月後漸漸恢復感覺，現在有著一般人的觸感。）

——疤痕不會消失嗎？

虛井　過二、三年應該會變淡吧！但是不可能完全消失。對於乳房很小的人來說，可以從側面插入管子吸出裡面的脂肪及其它物質，這樣子就不會留下疤痕了。不幸的是我很胖，乳房並不小。不過，沒關係，這樣我就很滿意了。如果能長胸毛，多少就能掩蓋（註：疤痕變淡了，但現在仍看得到。如果願意的話也可以動整型手術，使疤痕不明顯。此外，摘除卵巢之後，荷爾蒙的注射量減少了四分之一，因此也無法長出胸毛）。

……

——聽說在紐約不會動這種手術，不過在加州及維吉尼亞能動陰莖形成手術？

虎井　現在只處理較小的問題。有一個朋友在紐約動手術，失敗後又到加州去動手術。加州做的手術最好，在美國還有其它幾州在進行（註：各州在這方

• 小手術的1例（只是1例）

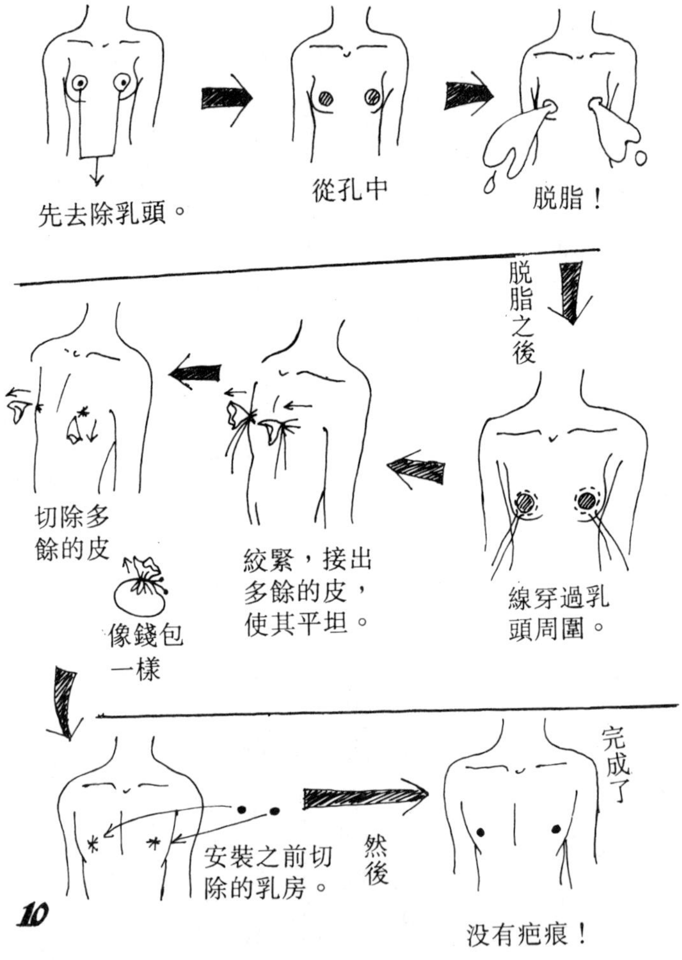
先去除乳頭。
從孔中
脫脂！
脫脂之後
線穿過乳頭周圍。
絞緊，接出多餘的皮，使其平坦。
切除多餘的皮
像錢包一樣
安裝之前切除的乳房。
然後
完成了
沒有疤痕！

根據［「FTM日本」5號］

## • 大手術的1例（虎井進行的手術）

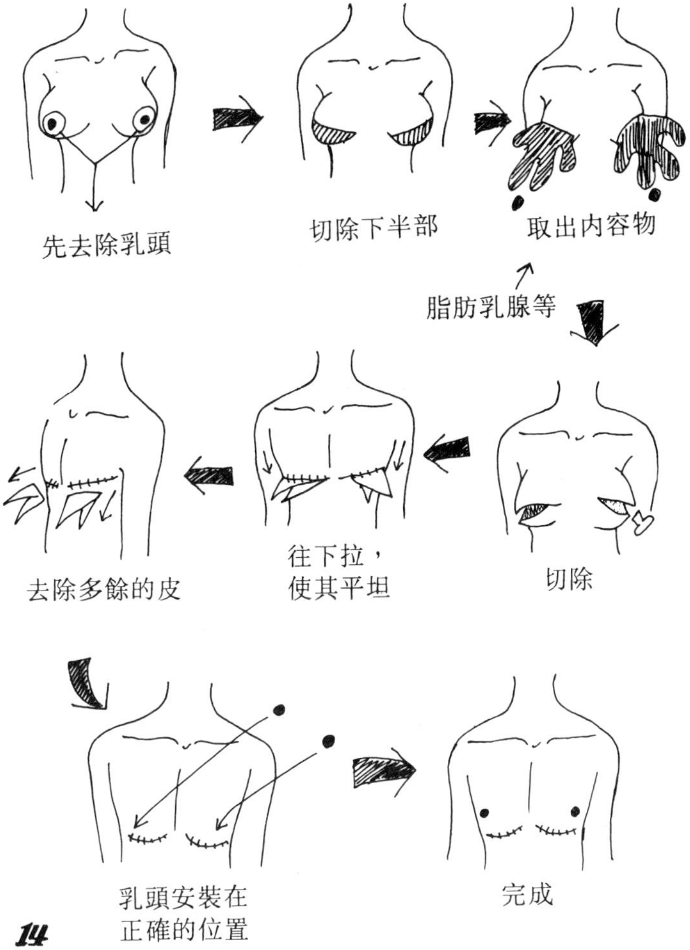


根據［「FTM日本」5號］

面的技術有顯著的進步，以科羅拉多州較出名。科羅拉多州從以前就盛行MTF手術）。

……

我現在在裝訂工廠擔任男性綑包作業員，每天勞動，筋骨發達，令我很高興。想起以往每個月流血流淚的日子，現在是最幸福的了。在炎熱日子裡

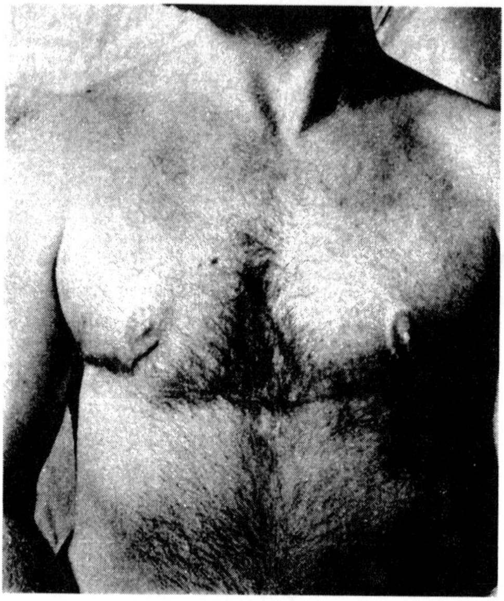

Chest Reconstruction performed in 1989 by Dr. Donald Laub, Palo Alto, California. Reprinted by permission from 「FTM Newsletter」 #28, Oakland, California.

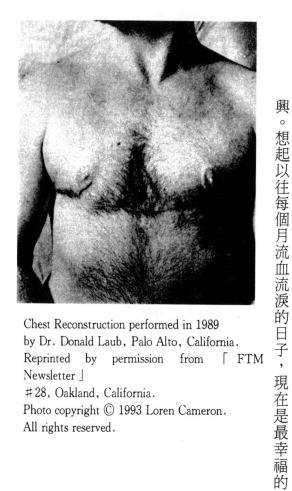

不需再在胸前裹著布，眞是快樂極了。我現在所做的事全都與未來有關，沒有任何一件事是浪費的，每天都過的很充實。也可以說就算現在死去也不後悔。每天盡量做自己能做的事。

——你的確逐步走向光明之中！感謝你接受我的訪問，用掉你很多時間，希望今後仍要注意自己的身體。

——光是上半身動手術就可以變得如此開朗，現在的他是如此的幸福，相信大家都能了解了吧！

這個時候正在發育途中，肌力仍無法達到二十四歲男子的平均肌力，在工廠從事花費體力的勞動，經常會被同事嘲笑。因爲當時並沒有女性化的男性，或是男性化的女性這種概念，因此沒有人懷疑我「是不是個女人？」雖然本名像女人，但是沒有人察覺到。在更衣室露出平坦的胸部（因疤痕太過明顯，所以穿著背心），聲音低沈而且又長毛，雖然有點嬌弱，但是看起來卻是個堂堂的男人。實際上，有些男同性戀者對我非常的好，所以到現在我仍然對同性戀抱著好感。

如果是FTMTS，動過上半身手術後，進入男人社會是理所當然的事（只是注射荷爾蒙、或是改換男裝，有的同志就會進入男性社會）。雖然力氣不夠，但是拼命去做，不管是別人看來或對自己而言都是好的肌力訓練。當然也可以從事事務工作，只要被人當成男人就好了。

漸漸的身體變強壯了，對工作也就較習慣了。周圍的人也逐漸把我當成普通的男人了。

但是，還是欠缺決定性的關鍵。……

「如果只動上半身手術尚可原諒。但條件是要援助家裡的經濟、家事」，於是我再度回到家中。就這樣的我在工廠工作，而且為了籌措手術費用，我遮著臉向大衆傳播媒體透露我的『變性經驗』，在電視、電台、週刊上說出我的經驗，甚至乘機出版小說集。

在下一章會為各位說明，有的報導慘不忍睹，無法賺錢反而令我非常後悔。但是，在這一段期間所得到的同志，是我一生的寶物。由於他們的支持，使我心中更加堅定一定要成為男人的念頭——這是一直縈繞在我心中的念頭——。為了實現這個想法，從紐約回國約二年後的平成元年（一九八九年）一月，再度飛往美國加州。

# 第二章

# 一九八九年舊金山感謝日記

## 一月十二日（星期四） 晴天

希望變性已經十六年了，二年前才展開具體的行動，去除乳房。在平成元年（一九八九年），也就是今年，爲了達成最後的陰莖形成手術，我今天來到舊金山。海鷗飛翔在機場上，清澈透明的大氣，還有比東京更耀眼的陽光。

這次準備停留二週。其它的機構我不清楚，但是我所拜託的這個機構，事前一定要和本人徹底的溝通，否則不進行手術，因此我必須先來一趟。

陰莖形成術有很多種。包括大型、小型的手術，同時可以選擇附帶處置的手術。陰莖製造術是用下腹部的肉製造成與普通男性勃起時陰莖的尺寸大小的筒，將陰帝埋入根部成爲陰莖，使其具有性感感受機能。這是最普遍進行的手術。當然，即使會勃起也不會射精，因此在性交時，必須在筒的前端放入蕊棒。這是很可悲的事，只不過是單純用肉做成的筒子而已，當然不能如陰莖般有興奮的感覺。但是，放入的蕊棒末端可以刺激埋入的陰蒂而得到快感〔根據後來的經驗，性交時不必使用蕊棒也能插入，而且插入時的滑動運動能夠摩擦陰莖根部的陰蒂而達到高潮。也就是說，即使不必使用其它東西也可以ＯＫ——一九九六年註〕。

此外，在這個階段，以站立的姿勢排尿，需要排尿輔助具（Urinal Assist Device

以下簡稱UAD），將漏斗型帶有管子的東西，抵住女生型尿道口才能夠排尿。這個小東西經常要帶在貼身衣物中跟著走。

當然，即使不使用這些道具，也可以做附加手術，從自己的龜頭排尿，不過多數同志都選擇UAD。因爲現階段這個手術的成功率並不是很高。而在爲我動手術的這個地方，在進行陰莖製作術以前的三個月到一年之內需住在該地，要利用相當痛苦的電氣分解的方式，將下腹部進行永久脫毛才能造筒取肉。聽說這樣還可防止尿道結石及其它症狀。有錢有力的人可以試試看。日本的一位同志在該地留學，經過四年以上的長期戰，包含以下的所有階段全都結束了，實在很偉大！

此外，還要移植手臂和腳的神經，才能使陰莖具有與普通男子一樣的感覺。在性交時，也許必須要使用蕊棒，但是如果硬到某種程度的話，甚至可以進行手淫。但是，這是大手術，如果手臂被分解也可以的話，請儘管去做，一定可以修復的。

在維吉尼亞州要進行十四個小時的痲醉，一舉將所有的階段全部完成。手術後有人會感到頭腦有點不清醒，如果不在乎可以去試。我的一位葡萄牙的朋友也動了這種手術，並不會有這種情況，但是手術半年後，有頭痛及噁心的煩惱。

另外一種相當受歡迎的就是生殖器變形術。這種在短期間內就能完成，而且很便宜。這種手術是先注射荷爾蒙，將增長爲拇指般長的陰蒂視爲陰莖，利用陰唇製造睪丸，非常簡單。不像陰莖製作術需要動幾次手術，而且要花三百萬到二千萬日幣。而這種生殖變形術只要動一次手術，而且價錢不到一百萬日幣。

外觀上看起來是小小的男性性器，但是感覺非常敏銳，一旦勃起會膨脹將近兩倍。只是非常的短小，如和女性性交時，需要仿照陰莖——如果雙方希望插入的話。此外也可以使用UAD（根據後來技術的發達，動這個手術即使沒有UAD，也可以站著小便——一九九六年註）。

事實上我想動這種手術。從以前可能是男性荷爾蒙分泌過多吧！與普遍的FIM的陰蒂照片相比之下，顯得我的較肥大。活了二十五年，希望能有性伴侶。所以在處理性慾時，希望能夠保持自然的感覺。而站著小便時，即使使用肉筒，也是同樣的情形。我想應該沒有人會偷看別人小便吧！會偷看的人才奇怪呢！

雖然小，但總是自己的東西，當然比較能適應。持續注射的話也許會長大一些。而我注射都還不到二年呢！有位朋友注射了七年，聽說會增大到某種程度爲止……。現在這個大小我也覺得很不錯。雖小但有睪丸，我可以去游泳池、去海邊，也可以去遮著前面就能進入的溫泉區。

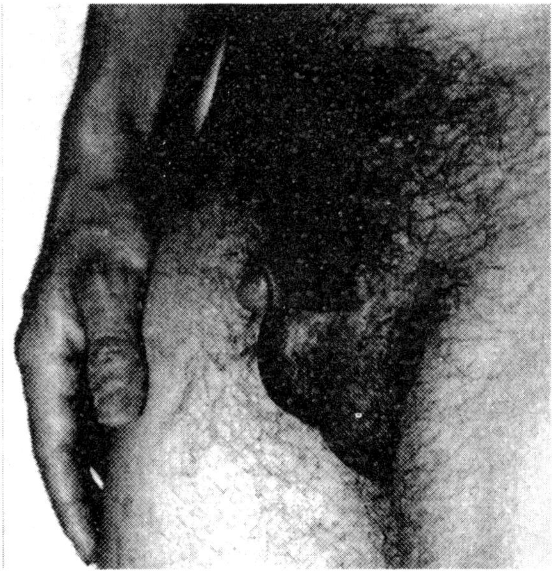

Metoidioplasty（小手術） performed in 1983
by Dr. Donald Laub, Palo Alto, California.
Reprinted by permission from "FTM Newsletter" #27,
Oakland, California. 

Metoidioplasty（小手術） performed in 1990
by Dr. Donald Laub, Palo Alto, California.
Reprinted by permission from "FTM Newsletter" #28, Oakland, California.

如果是眞心相愛的人，大小應不是問題。現在在紐約，有幾個動過這種手術的FTM，也和普通女人結婚，過著幸福的日子，應該選擇即使沒有陰莖也會喜歡的人格的人。絕對不可因爲性交而去變性。目的應該是自己眞的想成爲男人。希望能趕緊動手術，發揮能力及財力，過著充滿力量的生活。當然，能夠完成最後階段的大手術是最好的，但是我沒有這種金錢、時間及體力。因爲我從以前就是虛弱體質……。但是我還是很驚訝自己能做到這個地步。

搭乘美國航空的飛機飛往舊金山。住在前年也在這個地方動過小手術的朋友，建議我住的郊外小旅館。老闆長得很像演員仲谷昇，是中國人，姓范。日本話說得很流利，是個非常親切的人。當我打開錢包要支付他一週的租金時，看到我帶那麼多現金。他說：「拿這麼多錢很危險喔！從這裡坐巴士，三站之後有家東京銀行，去把錢換成旅行支票吧！」對我提出忠告。事實上我只帶了二十萬日幣的現金，不過因爲他的熱心勸告，我到房間去確定金額後，他駕著自己的超高級車對我說：「上車，上車，我帶你去。」帶我到銀行去，的確非常親切。可能是因爲有亞洲人前來，他感到很高興吧！以前在紐約和台灣人一起生活時，對於他們的親切眞是令我感動得痛哭流涕。對外國人很好，可能是對所有的人都很好吧！

全部手續都辦完之後，我只要簽名就能得到旅行支票了。啊！眞是非常感謝。看到眼前一家大型超市，買了很多東西來吃。雖然我不會作菜，但不能餓著，拼命注重營養。

睡了一晚之後，與性別再判定機構（以下簡稱GRO）取得連絡，約定明天下午三點到辦公室見面。我眞的是很快樂，好像有點感冒了。

**一月十三日（星期五）　陰天**

昨天雖然拼命訴說「小手術」的優點，但是不行。還是得動「大手術」。眞是百聞不如一見，GRO的芭芭拉女士——身材苗條；金髮披肩，如豹女般的風貌，但卻是非常溫柔的人——和她談完之後，我才知道自己想錯很多事情。

動大手術的時候，UAD並不是由外側抵住，而是插入陰莖內側使用——也就是說可以從龜頭前端排尿，是站著小便的狀態。當然也可以拿下來。而且陰莖非常硬，性交時不需使用惢棒，而陰蒂的部份也並不如我所想的，在其上方製造肉筒，然後縫合，而是沒有任何處置，直接留在後部下方。也就是說會有長短兩條陰莖。人工製造出來的陰莖做爲性交及排尿用，而原先短的（極短！）則供做性感感受用及手淫用。

令人高興的是，原本我以前只有美國人才可以以貸款的方式支付手術費，沒想到我也可以這麼做。令我感動得痛哭流涕。已經準備了將近三百萬的日幣，認爲自己不需再貸款了。可是因爲可憐的父母不願意再和我一起住，他們認爲「動小手術還可以，竟然還要製造出奇怪的東西來，那你就給我滾出去吧！否則的話就殺了我！」使我不得不搬家，因爲需要花費多餘的錢，沒有辦法支付全部的費用。

——不能動「小手術」的另一大理由，就是即使再怎麼注射，陰蒂也無法成長。即使再注射二年，也無法使陰蒂肥大。如果現在立刻動「大手術」，就不需要等待了。我很虛弱，趁著年輕有體力時要趕快動手術，我已經無法再等待了。

看「大手術」的照片，好像跟眞的一樣。但是即使粗大到某種程度的人，看起來仍是非常的軟弱，而且越粗的話就越需更廣泛的肉。因此我反而有點擔心。因爲一年來我的肉體上太過勞累，拼命的打工，結果很快的瘦了十五公斤，因爲瘦得太快，所以只有腹部出現鬆弛的現象。如果醫生說不能動「小手術」或「大手術」的話，我該怎麼辦呢？……星期一就可以見到醫生了，到時候就能決定一切。啊！神啊！幫助我吧！……今晚開始鍛鍊腹肌。

東京有很多美國人是ＦＴＭ，而在美國有很多日本人是ＧＴＭ，在日本一定也有很多日本人是FTM。事實上，在我之前就有很多這種人存在了，但是他們對我好像是日本第一位似的。

他們眞聰明，我出版了並不暢銷的小說（完全是杜撰的，並沒有談到自己的問題。寫小說是我以前就有的夢想），但是卻沒有辦法完全隱瞞是TS的事實。很多人爭相報導我的事情，親戚因此而不願和我扯上關係，令父母難過得落淚。「已經無法去參加親戚的葬禮了」，母親感嘆的說著。附近的鄰居都認爲我突變。認爲是父母的教養不對。但事實上責任不在他們，不能責怪他們。請安慰他們「你們眞可憐，有個這麼奇怪的孩子」。我請求你們，我所在意的只有這點而已。

——看到各式各樣的雜誌報導，惟一令我感到高興的，就是全國各地的同志紛紛寫信來，讓我感到好像得到解救一般。

**一月十四日（星期六）　晴天**

自炊生活眞的很可憐。一邊吃東西，一邊又要想著下一餐的菜單。大概是我比別人更注意吃的問題吧！有的人光靠麵包就能過活。

還有學習！利用電視上打著英文字幕的日本節目，躺在那兒觀看這些節目，也逐漸能了解如何用英文表達出自己的意思。

**一月十五日（星期日） 晴天**

在房間裡有二本書。是一九八五年一月號的「All讀物」以及一九八四年九月號的「小說現代」。

今天稍微看了一下前一本書。發現野坂昭如的「解讀天皇制」的第一次連載。眞巧，今天電視所播放的就是大行天皇和今上天皇的故事。突然覺得自己好像待在日本一樣。

**一月十六日（星期一） 晴天**

遇到一位長得很像德納爾德·金的執刀醫生。可能是訓練腹肌的效果吧！我的下腹有些肌肉附著，做陰莖似乎還蠻理想的。感謝神！因爲不是很胖，也沒有生理期，所以不需輸血。眞是太好了。因爲陰蒂已經十分肥大，醫生說可以動「大手術」或「小手術」了，眞是太好了。

預約手術前也可以使用的「附帶歸置陰莖前端的UAD。不是因爲想早點站著小便，而是要練習使UAD抵住尿道口。星期三測量尿道的長度。

此外，也進行MMPI（Minnesota Multiphasic Personallity Inventory）測試，大概像是一種通過禮儀的測試吧！還接受五百六十六道題的人格測定測試。

知道了二個眞相。

如果不用UAD，進行靠著自己的東西可以站著小便的手術，對我而言是件好事，健康才是最重要的。

此外，所有的FTM都對我說：「一生都得持續注射荷爾蒙。」但是芭芭拉女士卻對我說：「到目前爲止，在我們的患者中有一些中國人在摘除女性內部性器之後，過一陣子便停止了注射，可是身體並沒有不良的變化，精神也很好。亞洲人可能毛比較濃，和我們不同，不能用來當成是否爲男性或者是否能進行性行爲的證明。有的人爲了防止禿頭，很快就停止注射了。」這也就是說，如果我擔心將會因注射而導致血壓、肝臟、其他部份出現異常的話，可以立刻停止投與。

〔但是，仍有人說最好少量卻要持續注射一生。去勢前每三週注射一次，每次二CC，後來減少爲每個月注射一次，每次〇．五CC，到現在爲止已經持續九年了。比手術前更健康──一九九六年註〕

防止禿頭，這也是重要的問題。我已經開始禿頭了。

**一月十七日（星期二）　晴天**

遇到體格高大、個性開朗的典型美國男性史蓋亞博士。這個人和芭芭拉拉以及執刀醫生雷翁博士一起商量，決定我的今後人生。不知他們希望我怎麼配合。

博士是個好人，事實上我在五年前曾經寫信給博士所屬的其它機構（這個人不屬於GRO的人，只是兼任的顧問），而博士本人親自寫信給我，信上說明在日本可以依賴的人的名單。當我把那封信給他看時，他很高興，一直用溫和的語氣和我說話。交談內容包括現在、過去，未來的生活，以及父母和周圍的人、朋友、性行爲以及宗教觀等，談了約一個半小時。在所有項目的旁邊都打上OK的記號，眞的都OK嗎？自己反倒感到不安。

「大致上沒問題。爲自己祈禱吧！」他對我說了好幾次……。

在紐約，曾接受過幾次心理醫生的詢問，打算在動手術，但情況如何卻不得而知。可能如果我無法證明我能成爲眞正的男人，他們就不會爲我裝上道具了吧！反過來說，經過審查能成爲TS的人，就是值得信賴的人。

**一月十八日（星期三）　晴天**

好熱啊！好像是日本五月的太陽，二十四日就可進行UAD了，技師是個非常活潑的人，長得好像馬可仕的兄弟呢！

在巴士上認識一位叫R‧威爾遜的文筆作家。長得很像喬治‧魯卡斯年老禿頭的樣子。

「觀光？」因爲對方問我，我只好回答，後來雙方交換住址、姓名。「有空嗎？晚上有空嗎？」對方太過親切，令我不禁懷疑起他的性向。但是我要做的事還多著呢！打算回到日本之後再寫信給他。

去年正值我的短篇小說集出版，關鍵就在於紐約的「OCSNEWS」的原稿募集報導。對我而言，特別是關於變性及文筆方面，就好像是一個美國夢一樣……。

**一月十九日（星期四）　晴天**

很快的接到電話，決定和威爾遜共進午、晚餐。

他似乎對教導外國的觀光客正確的觀光方式很有興趣。建議的不是名勝古蹟，而是鮮爲人知的風景名勝及小村落、遺跡等等……。他建議我不要去舊金山，最好去墨西哥。如果他知道我是因什麼目的而來的，一定會嚇一大跳。

**一月二十日（星期五）　晴天**

感謝神。如我希望的，最初的手術決定在四月進行。如果能在星期二從芭芭拉那兒得到GRO患者證明書的話，則這次來美的目的就已經達到了。噢，對了，UAD的安排也在星期二。

沒有人跟我談到貸款的事。沒關係，我還付得起。

回家途中看著玩具店的櫥窗，看到我在去除乳房之後，首次成爲「男性員工」服務時，那家玩具工廠所製造的牛玩具，眞的出口到海外了，牛脖子上的套環還是我套的呢……。

在那家工廠我注意到一位非常豪爽的大哥哥，我便希望成爲像他一樣的「男子漢」。

儘管史蓋亞博士說：「希望成爲能愛男人也能愛女人，能有大愛的人」，但是他也說：「不需等待MMPI的結果，我們全體人員都認爲你的人格非常健全。」

是啊！愛誰都不是問題，最重要的是要保守節操。

〔史蓋亞博士似乎曾經聽說過，在日本從事性心理學的波爾·渥卡博士。最初和他通信，三年後終於見到他，可是當時是頭一次也是最後一次。幾年後，博士因病去世，對學界而言是一大損失。祈禱他得到冥福——一九九六年註〕

**一月二十一日（星期六）　陰天**

乘車南下，往返約二個小時的散步。沒什麼特別的事，中途在小餐廳吃午餐。忘了付小費……那麼差勁的服務。啊！我不會再到那家店去了。

這裡的小孩星期六都休息。在紐約時，曾在日本駐在員的家庭生活兩週，那兒的小孩「爲了回日本後功課能趕得上」，星期六都會去補習班補習。

威爾遜先生說：「這附近的蘋果電腦公司，雖然公司蓋在美國的土地上，但高級幹部幾乎都不是美國人，是日本人、韓國人或猶太人。」

星期六還得去補習，到底哪種較好呢？我也不清楚。

**一月二十二日（星期日）　陰天**

朝史丹佛大學方向北上，往返二個多小時的散步。松鼠和海鷗不像昨天那麼多。給了黑人一美元，很少這麼做，在紐約時不曾做過這種事。可能是一個人走在無人的路上吧！他起初跟我要十美元，但我給他十分之一，應算不錯了……。

在「海港漁村」這家中國餐館吃了蝦仁炒飯。量很多，我想大概有三人份吧！

**一月二十三日（星期一）　雨後陰**

換個方式，改走小徑。

雨剛下過的西部天空下，各色的鳥兒佇立在枝頭上。這裡是一片平靜的住宅街。再走幾步有小河潺潺，最適合散步的道路。眞想帶母親來。

回家後發現威爾遜來訪。跟他一起到先前的餐廳去。上次的那個女服務生不在那兒，使我鬆了口氣，雖然沒聊什麼他就回去了，但是他所說的，我百分之百都能聽懂，這使我很高興。光是聽收音機的講座就能有此能力，眞是太高興了。勉勵自己今後能達百分之百的說話能力，而且能一直保持這個能力。

如果沒有美國的話，我大概很難活下去。

**一月二十四日（星期二）　晴天**

得到UAD及GRO的證明文件，要我四月時充滿元氣的再來。

最後范老闆（旅館老闆）開車帶我去逛。非常謝謝他！去看夕陽。去州立公園看海鷗，銀色的海浪，聞一聞海水的芳香。爲了手術費，完全削減了娛樂費，以致於很多該去的地方都沒有去。我是那麼的愛海，但是上次去的時候——還是別人免費帶我去呢！那次是因爲要動乳房去除手術而前往紐約。

再忍耐一陣子，再忍耐一陣子就都結束了。

歸途時在一家名叫「鮑魚」的店吃烤蟹溫熱身體。那個鮑魚大概比日本的大三倍，我帶了二片回去，在住宿的房間沾奶油醬油吃。OBOY！雖比不上生魚片，但這已是這二週來最好的一餐了。

在車上談到了中日戰爭。「最後戰爭總算是結束了。但是，爲什麼一開始要發動戰爭呢？我個人認爲對戰爭還是要負責任的」。范先生是近六十歲的台灣人。以上是所說的。

范先生，謝謝你！我會再來，到時又要拜託你幫忙了。請保重！

**一月二十五日（星期三） 晴天**

早上離開汽車旅館。櫃檯阿姨眞是個好人。前些日子，她把比賽得到的錦旗當禮物送給我，因爲她年紀有點大了，我有點擔心，但她精神還是很好，眞想再見到她。

在中途，巴士拋錨，發生了一點小意外，但是還是平安無事的搭上飛機，現正在飛機上寫日記。

因爲進行變性手術而得以和所有國家的許多人相知相遇，這是相當幸運的事情。回去以後，一定會接到來自紐約、中東和台灣同志的信，當然也有來自日本同志的信。這次得到的情報對他們也有很大的幫助。這兩週對我來說眞是獲益良多。

回到日本之後，馬上又得投入忙碌的生活中。我一定會很快樂、很健康的工作。爲了四月時能愉快的渡過手術休假，我必須努力，身心務必要保持健康，不能怠惰，要一步一步的往前進……。

**四月二十三日（星期日） 雨天**

飛機在大雨中降落，在機場的行李輸送帶上並沒有看到我的行李。爲什麼飛機載運的行李會不見了呢？不僅只有我的東西，連同行的同志山本亨的東西也不見了。

為什麼只有我們二人的行李不見了呢？實在是非常奇怪。難道在成田機場行李托運時弄錯了嗎？我眞是束手無策。我相信聯合航空的職員所說的「今晚或明天會將行李送到您的住處去」，一副很悠閒的樣子，而亨卻一直在吵鬧，令我深感不安。

雖然下雨，但兩個人都沒傘，兩個人的傘都放在行李中。亨好像感冒了，而且咳嗽越來越嚴重。兩人的藥都在行李中。因為我就快動手術了，不服用藥物。但亨的感冒可能會危及生命，即使他感冒了也不希望接受我的照顧。

沒有睡衣也沒有替換的衣服，再怎麼吵，行李也變不出來。眞希望早點找到我們的行李，亨的感冒能早點好，不要傳染給我吧！

原本在櫃檯，送我錦旗的阿姨一家人已經不在那兒了。換了一位胖胖、親切的叔叔一家人在那兒迎接我們。

范先生今天也不在。明天是星期一，應該會在吧！

雨仍然下著。附近又沒有賣傘的店。亨眞可憐，第一次到美國就碰到這種遭遇。

在寫日記的時候，櫃檯打電話進來，是行李送到了！感謝神。

這時我才想起——中午吃的中國菜特別好吃，不過價錢也蠻貴的。

亨躲在廚房，轉動抽風機吸著煙。手術前後身體不能夠遭受煙害，所以只好請他這麼做。眞是對不起。

啊，不過沒關係！只要一切結束的話，好日子就會來臨了……。在巴士站給一位白人中年婦女流浪者一角美元。

**四月二十四日（星期一）　雨天**

GRO打電話來通知我明天早上要去做血液檢查。只要沒有異常就好了。我想應該沒問題。

亨在日本已經注射一年的荷爾蒙，不幸的是他偶而仍會來月經。個子矮小但卻是很受女人喜歡的青年。長時間在同性戀餐廳工作，但是因爲自己是女人而感到羞恥，在幾年前辭掉工作，現擔任快遞人員。取得長期休假來到此處。我們已經認識很久，他應該感到很輕鬆才對。——可是，第二天他就嚴重的想家了。大概是爲了女朋友吧！我眞的很薄情寡義嗎？我離開日本，留下她一人，卻幾乎沒有再考慮她的問題了。

范先生還是沒來。

**四月二十五日（星期二）　多雲時晴**

血液檢查及手術後的處置需要龐大的費用，我擔心錢不夠。亨在我走路之後，立刻搬進在這條街上偶然巧遇的日本人家中當保母，這對我而言是個打擊。我一直以爲只要節省生活費，兩個人就可以住在一起。他一直免費照顧我（二年後歸還飛機票錢——一九九六年註），他對我實在是太好了……。眞的是太好了，眞是令人難以置信。

爲我做血液檢查的二位菲律賓女性也很好。能得到所有國家，所有人的幫助。神啊！請守住地球吧！

**四月二十六日（星期三）　晴天**

再度見到芭芭拉女士。接受血壓、心音等檢查。明天就要到了！神啊！請你保護我。希望能成功——。

十八天來盡量不要坐著，身體要保持直立，因此，到五月十五日前都不能寫日記。這段期間亨一直照顧我，眞不好意思……。

在醫生的辦公室發現一位叫堤利的中國人，我想他可能是ＦＴＭ。後來芭芭拉告訴我他眞的是FTM。雖然雙方只對看了一眼，但同是東方人的TS同志，應該有很多話要說吧！不知能不能再見到他。

**五月十五日（星期一） 晴天**

家裡打電話來。可能是我寫信時字太草率了，家人有點擔心吧！謝謝你們……。因爲我是仰躺在床上的狀態下寫信的，所以沒辦法。如果照普通的方式坐下前傾寫字的話很辛苦，但是購物、洗衣沒有問題，很有元氣。

從今天開始就能再坐在桌前寫東西了。將躺在床上時所發生的事略爲敘述一下：

4／27 手術成功。非常感謝醫生團的精湛醫術。吐過一次。發燒。

4／28 插尿管，練習來回走動（這個時候是在旅館內的房間，因爲我手術後立刻出院——一九九六年註）。不會痛了，燒也退了，也不會再覺得想吐。尿袋中漂著兩三片血片，不過覺得很舒服。

4／29 經過良好。亨很會做菜。尿袋不再出現血片。不服止痛藥也不覺疼痛了。胃口很好。

4/30　范先生回來了。原來他去了夏威夷。眞好。我騙他是盲腸炎。
割掉左腿的皮移植到陰莖上。因此左腿發燙。爲抑止症狀，常服止痛藥。

啊！好累啊！五月的情形明天再寫吧！

**五月十六日（星期二）　晴天**

繼續昨天的叙述。

5/1　拔掉尿管。可以走去上廁所了。

5/2　范先生帶亨到賣日本料理材料的店去。謝謝他。

5/3　血腥味漸漸的令我感到煩惱，眞想趕快取下貼在腿上的玻璃紙。身體無法彎曲，必須仰著身體走路，看起來像是孕婦一樣。世界上第一個（公開承認）MTFTS克里絲汀・喬金森去世。亨年六十二歲。

5/4　今天亨做了一塊約一百四十元日幣的牛排給我吃。

5/5 櫃檯叔叔的兒子和隔壁的黑人少年來找我聊天。白人的兒子收集刀子和裸體卡片，看起來像個粗魯的孩子。黑人少年則顯得彬彬有禮。吃日本食物好像很好吃似的。一家四口被人逐出家門後，長期居住在這家汽車旅館。

5/6 終於拆線了。醫生和護士一起拍手喝采說這是大傑作。第二次手術決定在九月進行……。

5/7 約略計算一下，接下來的約半個月，一天只能花四百圓日幣左右。

5/8 有認識的家族出來旅行，再加上思鄉病及家中有事發生，亨決定先行回國。

5/9 亨明天要回國。謝謝他照顧我。希望他多保重！

5/10 亨回國。

在醫生辦公室認識同症者尼克。他是三十五歲的老師，才剛動過「小手術」。從他那兒得知，進行GRO不能使用信用卡，但是住院時可以用信用卡支付費用。太好了！因為住院費用非常昂貴，二天就要花約一百萬日幣。「第二次世界大戰後到今天，日本人似乎還不太能了解變性症」，他對我這麼說。

5/11 第一次來美國的亨說：「日本很了不起，日本是世界第一，美國人除了優秀份子之外全部都是低能、下流的人。東西又難吃又不乾淨……。」可能因爲他是在日本的上流社會中長大的吧！

我認爲不管那個國家都很好。日本是我重要的家鄉。我並不是想成爲美國國民，但是我在日本無法完成的夢想，卻在這裡實現了。

5/12

和尼克一起坐了一段車。他帶我到附近的鴨池去。不只是鴨子，還有白鳥、海鷗、斑鳩，好多好多。野生的斑鳩吃我手上的餅乾。

之後到他住的汽車旅館的房間裡，和他姐姐共用了一頓很棒的晚餐。眞是美好的夜晚。

仔細詢問之後發現醫院方面非常愼重，確定錢進入帳戶之後才接受信用卡。嗯！這使得我想利用手邊擁有的四張信用卡去貸款，應該就可以充當手術費和住院費用了吧！

5/13

手術後頭一次淋浴。割掉皮的左腿非常的痛。

尼克本來說白天要帶我去野鴨池，晚上要帶我去舊金山，說舊金山的週末夜就好像是聖誕夜一樣。但是沒有錢，我當然不能去，只好作罷。神，謝謝祢，讓我擁有許多嶄新的邂逅。

5／14　尼克等人今天早上回到麻薩諸塞州。沒有用完的各種物品（調味料、衛生品等）全搬到我的房間來。謝謝你，對我幫助很多……。希望他今後也能非常幸福。

**五月十七日（星期三）　晴天**

新裝去的東西看起來眞的很醜。皮的接縫處還看到很多血塊，而且結紮處，今天開始腫脹，摸起來有點溫熱，的確有血通過，不必擔心會腐爛掉落。

如三根手指般粗，長十五公分的這個東西，經常夾在股間，到底是什麼感覺呢？而且還有兩個球呢……。

**五月十八日（星期五）　晴天**

吃以往那種一百四十圓的牛排時，左腿去撞到椅角而流血。才剛好怎麼又這樣了呢？

**五月十九日（星期六）　晴天**

再確認回國的機位。

不知不覺中竟想持續現在的生活，過著這種執筆、查字典學習、看電視和吃飯的生活。希望將來即使不工作，在生活上也不會有任何困難。

但是卻又覺得有些無聊，過著這麼平淡的日子，現在帶過來的書都已看完了，手邊只剩一些東西，當然無法令我滿足，但是即使是有限的東西也要使自己滿足，這點是很重要的。

下次來時，如果我很有元氣，最後一週我一定要用來觀光，因此，回去之後一定要努力賺錢。

**五月二十日（星期六）　晴天**

一大早，晴海先生打國際電話來，他就是那位想由男變女的教師。當時我的手術費不夠，在沒有任何擔保和證書的情況下，他慨然借我五十萬圓。這次要出發時，他還到成田機場來送行。今天，他是因爲擔心我手術的狀況才打電話來。

眞是好人！將來一定會成爲一位溫柔的女性。以他目前的職業是不能夠立刻動手術，只好投與少量荷爾蒙，不久的將來，他一定能如願以償。爲了還他錢，我一定要努力賺錢……。

〔沒有出現在日記上的另外一位純男的朋友，也是在沒有任何證書的情況下借我五十萬圓。他本身經濟也不是很寬裕，卻仍然願意借我錢。晴海先生的錢已經還清，但是我仍欠這位朋友三十萬圓。但是他並沒有催著我要，我也就暫時不還了。身邊能擁有這些朋友眞是太好了。事實上我現在也是阮囊羞澀，眞不好意思——一九九六年註。〕

**五月二十一日（星期日）　晴天**

外國人的同志大多是受過高等教育的醫生或學者，而我所知道的日本人卻大多靠著打工過活。在日本，出生證明不能改變，要正式就職的確非常困難。打工不是爲了娛樂，而是爲了賺錢。

如果能找出一些特殊技能，能夠自己開店做生意，那是最好的了。可是如果靠打工能有不錯的收入，能衣食不缺，過著有趣而充實的一生也不錯……。

……事實上，能突破面試成爲ＴＳ的人就能得到證明。然而有很多的ＭＴＦ或ＦＴＭ都是思想細密，懷有特殊才能的人，但是在一般企業中卻無法被雇用爲正式人員，我認爲這對日本而言是一大損失。

**五月二十二日（星期一）　晴天**

感謝神，下次的手術定在八月二十九日（實際上延了幾天，變成九月五日——一九九六年註）。

現在已經踏上歸途，而且還帶個把兒呢！

這個夏天總算要達成心願了。就在這個夏天！明天回去以後一定要注意健康，努力工作、工作、工作，爲夏天的大休假而準備。加油吧……。

亨、尼克、晴海先生，謝謝你們，再見了！

**八月三十日（星期三）　晴天**

第三次來到加州。蔚藍的天空，高大的樹木，從酷熱的日本來到此地，感覺清涼多了。

這次陪我一起來的叫阿智，才十幾歲。以撰稿員爲志向，是靈敏度很好的男孩。開始注射才半年。是個個性純樸的關西少年，值得信賴。

這次的行李如期送達了，再次到先前的汽車旅館落腳。阿智不停的打噴嚏，令我擔心。是不是感冒了呢？不會是這裡常見的花粉症吧！

還是先煎牛排吧！

**八月三十一日（星期四） 晴天**

今天是手術前健康檢查和血液檢查的日子。芭芭拉和雷翁博士都還健在。我除了右耳罹患外耳炎之外，都還健康。

好寬廣的天空啊！，眞想和男孩一起大叫。看著高聳入雲的樹木。

在手術之前有四天是自由的。

海部首相來到舊金山。

**九月一日（星期五） 晴天**

我忘了。先前才剛看完一本書『子宮的摘除——有關身心的處理』。當然是女性用書，但是我想這對手術後的健康管理也會有很大的幫助。單就荷爾蒙影響這點來看，在摘出卵巢之後更需看這樣的書。

我再度到一月二十三日散步的美麗小徑。阿智自己到市內觀光去了。他常常自己一個人做什麼事，也不會覺得無聊，眞的是人畜無害的好伴侶。小我六歲，不像我這麼堅強。但是看他所寫的文章或畫，眞的是鋒芒畢露——將來一定是個大人物。我也要多努力。

私底下我常覺得「大家實在對我太親切了」，我實在是太感動了，在路上迷路時，也有很多人指點我，在晚上十時回到家。

這裡的人眞的很親切。當你問路時，大多數的人會帶你走一段路。即使不能帶你去，例如我在紐約附近迷路時，向一位銀行員問路——他叫克拉克・肯特——他告訴我說要這樣走，他一直看著我，直到我走到最初的轉角處。

——在日本時，我也時常想回到美國。

**九月二日（星期六）　晴天**

早上，紐約的吉米打電話給我。他是三年前我在紐約時認識的同志，他也是在雷翁醫師操刀下四年前動過「小手術」的大學教授。和我只差一歲，卻是醫學部的教授，眞是令人難以置信。

就是他告訴我在加州的手術最好。從他那兒我也知道紐約其他同志的消息，得到許多的鼓勵，謝謝他們！前人的話值得信賴，更何況是醫生的話。我來此動手術時，他主動打電話向GRO洽詢，特地打電話給我。眞是謝謝……。

**九月三日（星期日）　晴天**

亨打國際電話來鼓勵我。他好像哭了。他這麼關心我，我不知道怎麼辦才好，只好不斷的安慰他。

——母親也來電話。讓他們擔心我眞覺得過意不去。我眞的不要緊。

這次周圍的人太擔心，反而令我感到不安。的確，手術的時間要比四月時多一倍，而且因爲要摘除臟器，所以必須住院，但是——沒問題，沒問題！（四月的那次手術是在GRO辦公室的治療台上，而這次的手術是要在與GRO有關的某醫院的手術台上進行——一九九六年註。）

**九月四日（星期一）　晴天**

昨晚就寢時服用了瀉藥（液狀，口味像檸檬萊姆，味道不錯），因此一大早就上廁所。這樣下去會得痔瘡了。而且從今天開始完全不能吃固體食物。所有的事情都將在明天結束。明天眞的是第二個人生的開始。一定要運用第一個人生的經驗，得到更多的收穫。神啊！請指引我吧！

到十九日之前都不能坐在椅子上，只能像以前那樣在床上寫幾個字。

**九月十九日（星期二）　晴天**

手術已經過了二週，終於可以坐著寫字了。

阿智回去了，我搬到個人房，感覺和平常一樣，但比起雙人房，單人房似乎更乾爭。

亨寫信來，他經常寫來。可能是因爲自己先一步離開美國感到不好意思吧！眞是個大好人。

簡單記一下躺在床上時所發生的事。

9/5　手術成功。可能是麻醉時間比上次多一倍的關係，感覺噁心，一種說不上來的不舒服。看到這種情形，護士給我塞劑，讓我暫時舒服一些。

9/6　睡了一晚上之後，心情非常愉快，和平常一樣開始練習走路。

9/7　拔掉尿管之後，可能是因爲點滴中止痛用的瑪啡導致尿道口萎縮，無法排尿。好像身在地獄般的痛苦。除了主治醫生之外，沒有人可以處置，因此有一個半小時都只有我一人（阿智出去觀光，就算他在，也不能爲我做什麼）在那裡呻吟……眞是糟糕。

一直連絡不到主治醫師，於是護士再度爲我插上尿管，那種解放感眞是太舒服了。嗯！尿了很多呢！

9/8　再度拔掉尿管，這次不要緊了。

今天應該可以出院了，直到昨夜一直都沒有排氣。今早總算排氣了。

從五日起都只能口含冰片，現在總算能喝果汁了。阿智每天晚上都陪我住在病房。

看到今後將與我一起生活的小弟弟。也就是頭一次換繃帶。睪丸較小……聽美國同志說太大的話，走起路來很辛苦，因此要求醫生幫我做小一點。

9/9　芭芭拉來迎接我，恭喜我出院。輕輕握著裹著繃帶的小弟弟，當時的感動非言語所能形容。這是我的東西，我將好好與它相處。

9/10

阿智爲我洗頭，眞舒服。

護士都到旅館來爲我換繃帶，眞是非常感謝。

傍晚母親來電話。我告訴她我不要緊，很平安。電話費很貴，不要再打了，我回去再付好了。

9/11

阿智明天要回國。這麼乖的男孩不在我身邊，我一定會很寂寞。沒辦法，他想家了。一開始他就預定停留二週。

9/12

阿智歸國。他一直說「好快樂」，就回去了。太棒了，太棒了，謝謝，一定要多保重。

內部的球往下掉。看起來不小，應算普通吧！

這次手術很辛苦，但是復原的情況很好，身體已經能夠彎曲，手術第二次就能翻身了，現在一切都得自己來了，眞是很辛苦。只是不必像平常一樣坐著，眞是很慶幸。

范先生因爲忙其它事業，很少在旅館露臉。這樣反而讓我覺得安心。否則他每次來都發現我在睡覺，一定會覺得很奇怪。有點想見他，但必須忍住這個念頭。

9/13

摘除內部女性性器是以剖腹方式進行的。今天拆線。下次才能拆陰莖的線。凡是都進展得非常的順利。爲了要持續這樣的人生，今後要常存感恩的心。我想我一生中每次要上廁所時一定都會心存感激。腦海中一定會浮現出雷翁醫師及芭芭拉的臉，旅館的房間及蔚藍的天空，都是些美好的回憶。

〔實際上我很快就習慣站著小便，進廁所時的感激已經不再出現。但是能在萬里無雲的晴空下散步，抬頭仰望高聳的樹木，每次寫日記時能喚起當時的心態，心中充滿著懷念——一九九六年註〕

如果我把從日本帶來的扇子送給他們，相信GRO的人一定會很高興。

9/14

醫師很快就允許我淋浴了。至於我的小弟弟——雙手握著前端，長度並不重要。雖然我覺得好像太粗、太重了，但是並不會格格不入，原本就應存在的東西嘛！

如果近一點看還是不自然，可是有了這個東西，我才覺得自己是個眞正的男人，可以法泡溫泉了。眞是感謝。

9/15

一大早吉米打電話給我，問我手術後情形如何，勞他費心。距離那麼遠他還掛念我，眞是不好意思。寫一封感謝的信。

去訂購新的ＵＡＤ以及性交用的惢棒（不知是否眞的有使用的機會……）。芭芭拉開車送來，眞謝謝她。下週就能自己坐巴士了。

亨打電話來要我買件襯衫送他。

爲什麼當時不說「我沒錢」呢？長時間來，我一直省吃儉用……（稍後再爲各位敘述。在這段期間買件襯衫約十美元，當時折合日幣約一千五百圓的錢夠我吃兩天了——一九九六年註）。但是，他這樣幫助我，我想我應該答應。或許有點遲，我想寫信告訴他「我沒錢」。我眞是太吝嗇了。何必寫信呢？我可以像亨一樣打國際電話告訴他呀！——不行，我還是不能如此奢侈。歸國二天後，我必須將四十五萬日幣存進銀行。因得我又得借錢了。每個月償還十萬的話，那麼下個月就剩三十五萬，再來又減爲二十五萬，以此類推。但是若三、四年間每個月只還二、三萬的話，所有的借款大概都還不完了。

亨，對不起。如果我有錢，我一定會買好一點的襯衫送給你。啊，神啊！要如何治好我這吝嗇的毛病呢？

錢要用在適當的地方才對。我想手術結束後，這個毛病就自然會慢慢的痊癒了……。

9/16
很難得的下雨了。這是我這次來頭一次下雨，只要不冷就好。連著好幾天看英語的電視節目，有一天突然發現裡面的話我全部聽得懂。眞是太高興了。或許亨或阿智動手術時，我可以陪他們來，但是在此之前不會再到美國來了，可是回到日本也不可以將英文忘記〔實際上，三年後爲了美加，我又到美國來了〔參照第四章〕。現在亨在新加坡，阿智計畫在日本動手術——一九九六年註〕。

9/17
直到上次之前，一天都花三美元〔一九八九年九月當時約四百五十圓日幣——一九九六年註〕生活，手術結束後，現在一天花五美元〔日七百五十圓日幣〕。雖然不能吃到飽，但每餐都能吃到七分飽，我已經很滿足了。非常感謝。

9/18
客房服務每天都會來，不知什麼時候會來，令我非常擔心。不管是吃飯或淋浴或上廁所都要忍耐，等待他來。今天我想是不會來了卻又突然來了。同時把我枕頭下的小費拿走了……。這樣，我才能過著清潔舒適的生活，否則會時常遭受塵蟎的攻擊。

終於為亨買了襯衫，而且狠下心來買了二件。

**九月二十日（星期三）　晴天**

醫院來信請求追加費用五百美元以上，而我已經沒有那麼多錢了。但是對方給我三十天的期限，等我回日本之後再匯過來好了。

只有這些小小的不滿，眞是非常幸福。

神啊！我眞的該向祢道謝，我的頭髮增加了。謝謝祢。

我想可能有很多因素。大概我這次來了之後，一直使用強力生髮劑吧！手術結束了，長年的煩惱去除了，再來就是荷爾蒙的影響吧？

**九月二十一日（星期四）　晴天**

一月才認識的作家威爾遜突然造訪。他說是在路上看到我正在散步。

他還是用他的大嗓門對我說話：

「你已經出書了嗎？一定是位有名的作家！」他似乎對此深信不疑。我再怎麼說明，他也充耳不聞。他並不知道我動手術的事，或許只認為我是常常到美國來的有錢人……。

他說明天要帶我去吃非洲菜。我感到有點爲難，但是反正沒吃過，不妨去試試看。

昨天在電視上聽到莫札特的曲子。都是我喜歡的曲子，很高興。

**九月二十二日（星期五）　晴天**

早上亨來電話。說他會在十月一日到成田機場去接我。我高興得都快哭了。

今天和威爾遜到非洲餐廳去。魚、肉、蔬菜的素材和日本料理的相同。老實說我覺得味道不夠。他一直問我：「很辣吧！很辣吧！」但對習慣吃辛辣咖哩的我來說，那根本不算什麼。啊！眞懷念六本木的「麒麟屋」。

他和我一樣，都自稱是文筆工作者。雖然我沒有刻意去問他，但是我很懷疑他到底是怎麼謀生的。但是他的確是見聞豐富的人，即使聽他說話也不會感覺厭倦，我好像從他那兒看到將來的自己……。

今後我也要不斷的投身在自己感興趣的事情研究上！這也是可喜的現象。

**九月二十三日（星期六）　晴天**

秋分的日子，聽說今年國內颱風很多，災情慘重。

千代富士優勝！眞是太厲害了……。小小的大橫綱，仍要多努力才行。

母親寫了一封長信給我。都是一些日常生活的瑣事。在美國接到母親的信時，我都會想起野口英世在美國時接到母親來信的那一段——快回來吧！快回來吧！快回來吧！——信上一直重複這幾個字，這就是代表母親的思念……擁有一個兒子，不知道她是高興還是不高興。

**九月二十四日（星期日）　晴天**

亨寄來二十美元。眞是太感激了。雖然想用來支付醫院的追加費用……但是到機場時又必須買些點心帶回去，而且可能會有些臨時花費要用錢，所以還是要等到回去之後再還醫院錢了。

**九月二十五日（星期一）　晴天**

早上亨打電話來。擔心錢是否已經收到。打一通國際電話的費用和二十美元到底哪一個貴，我不知道。但，還是很感謝他刻意打來。

陰莖拆線。不需爲了治療再來見GRO的人了，但，我還是打算二十九日來向他們告別。

花了三十分鐘繞史丹佛大學一周。此外，從電視上知道野村萬作等能、狂言一行人將在月底來舊金山。眞想去看他們表演。

再確認回國的機位。

阿智來信說他平安到達，很有元氣的工作。我很高興。

**九月二十六日（星期二）　晴天**

威爾遜來訪。因爲我騙他我星期三、四、五都很忙（星期五眞的很忙），只有今天有空。

「我有很多書想出版，不知有沒有願意出資的日本公司。我想出版日本觀光客可以用的書籍，你可不可以爲我籌措資金呢？」談了五小時他的夢想。我眞的不知道該怎麼對他說。直想喝點甜的東西，但是連買菜的錢都沒了，所以只在溫開水中加糖喝下。

——希望自己很有元氣，能夠成爲自己和他人都承認的偉大作家。我也要多努力。再見了，期待他日再會……。

**九月二十七日（星期三）　晴**

今後的人生，將目標定在不需要打工就能夠塡滿肚子的作家上。雖然不是容易的事情，但是在十六年內將熱情傾注在變性上，只要燃燒這種熱情，相信即使無法得到很好的報酬，也不會悔恨，能夠終其一生。

神啊！謝謝你賜給我美好的第二人生，我要好好的努力。變性之後，好好地活著，這才是最重要的。

**九月二十八日（星期四）　陰雨**

一大早就出現些許的涼意，從傍晚開始下起雨來。明天要去GRO取UAD，因此想要買把傘，可是卻不見有賣傘的地方。在這塊乾燥的土地，幾乎沒有賣傘的店〔與舊金山市內不同，這附近的郊外非常的乾燥——一九九六年註〕。

——還好，先前的客人把傘遺忘在房間內，由櫃檯的人保管，謝謝他們借傘給我。

## 九月二十九日（星期五）　晴

雨後初晴，快樂的最後一天。一大早母親來電，要我注意飛機的時刻。嗯，我一定會注意的……。如果搭錯了飛機，到了不該去的地方，那可就糟糕了。很快就會見到母親了。

去拿UAD與蕊棒。到約定的時間爲止，還有一點時間，於是在史丹佛大學的校園內散步。到羅登雕刻庭和大學美術館去。只看了十幾分鐘。在東方館看到超國寶級的佛像，並沒有陳列在盒子裡，而直接擺在那裡，令我非常的感動。當時，我覺得自己好像與佛祖很接近。

油畫和素描還放在玻璃盒中，都是美麗的藝術品。

和GRO的人道別，眞是非常的感謝。在舊金山港口的城鎭，沒有他們的指引，我的夢想恐怕無法達成。希望大家都很有元氣，給予煩惱的同志們光明。

含著眼淚的芭芭拉，可能因爲她的婆婆動癌症手術，因此看起來十分的疲憊。向汽車旅館的老闆道別。聽說老闆的女兒也因爲癌症而住院，眞是不幸。我一定要爲她祈禱的。

如果要完成自己的夢想，恐怕還必須爲一些人多花一點時間。

入。

我現在時常感覺到自己體內充滿一種已經超越人生巨大的力量，如波濤般不斷湧入。

我自己是港口，雖然節儉第一，但還是要注意身體。我不再和以往一樣緊閉門窗一直線的往前跑，要敞開胸襟，成爲能夠廣納七大海的港口。

感謝神。眞的是很好的經驗，今後還請祢繼續幫助我。

好吧！加油！加油！

※　　※　　※

九歲下定決心，決意要成爲TS的十六年後的今年秋天，對於美國人、日本人和自己的人生都深表謝意。我又回到東京的下町先前工作的工廠工作。

過著朝九晚五單調的工作，回家後寫小說寫到深夜，應徵新人賞，經常落選。過著和平、單調，但又不放棄夢想的日子。像男人一樣，過著期待的生活。

不論正式的文件如何，我現在已經是個眞正的男人了，只要是在家中、工廠或是周邊生活，我甚至會忘記自己曾動過變性手術。

但我不允許自己忘記這一切。當年陪我一起遠渡重洋到美國照顧我的亨和阿智，在手術前，手術中、手術後不斷的鼓勵我，以及晴海先生等幾位同志們。經由以前有關的週刊的編輯部轉來的信，讓我認識很多新朋友，都沒間斷過。我眞的能斷絕與這些人的關係，過著平靜的生活嗎？事實上我的TS是經過許多人幫助才完成的。所以這是「感謝的記錄」。我應該以感恩的立場去回饋社會才好。

在周圍周志的建議之下，而且「くい～ん」（參照第一章）的主編也建議我：「你可不可以寫些關於TS的知識和情報讓讀者分享呢？」因此我寫下了以下的第三章、第四章。

有關MTF的情報，透過大衆媒體大量流入，但是不見得都是正確的。而且很容易受到世人的誤解。因此，希望藉著在「くい～ん」的連載，將我本身的經驗及同志的體驗談告訴大家。結果沒想到引起驚人的回響。「我一直等待這類的報導！眞謝謝你」，像這樣的信如雪片般飛來，而且結交了許多MTFTV、TG、TS的朋友。

我被她們那種「不是MTF或TM，同樣是TS」寬闊胸襟打動，產生共鳴，整個世界都擴大了。後來在「FTM日本」創刊時，以「不管是誰閱讀都可以，只要寫的是沒有問題的東西就好了」這種心態出刊，就是當時的感動所使然。

如果說大家對所有的「變性人」，不會以歧視的眼光去看待時，相信這才是眞正世界和平的到來。

# 第三章

# 美國的變性情變〔MTFTS篇〕

# 1 諮詢篇

在一九八五年時，某個新聞節目中花了十五分鐘報導了曾照顧我的美國GPO。我們當時並不知道和其他團體通信的GRO的存在。但是對於出現在畫面上的MTF和FTM的自然姿態非常的感動。

節目播放之後過了四年，結束TS歸國的我，收到一封信。就是將在第四章中登場的美加寫來的。她和我一樣都看到了這個節目，拼命的存錢，前些日子單獨到GRO去。但是GRO對她說：「我們還不能處理妳的問題，妳應該到東京的相關機構去洽詢符合的條件。」並且讓她帶了介紹信回來。她說想和我見一面。於是我們見了面，有了以下的談話。

## 手術前應該要符合的條件

在美國，大部分的州都承認TS是醫學上合法的治療而進行研究。但並不是那兒就能馬上進行治療，而是要以持續長期的荷爾蒙療法爲前提，還必須突破諮詢才行。

基本上必要的條件是：

•持續二年以上穿著自己渴望的性別的服裝生活。

•持續二年以上投與荷爾蒙。

包括這二點。尤其是荷爾蒙更是不能或缺。在日本，可以請求醫師開處方。

如果這二點都符合，接下來的就是：

•精神科醫生或心理學家的推薦信。

•英文檢定二級以上的英文能力，或是有雇用翻譯的經濟能力。

通常推薦信要二封，但有些地方規定要三封以上。GRO是二封，一封是日本人用英文寫的信，另外一封則是GRO所指定的博士所寫的信。

在日本也有GRO指定的博士，以前我就曾和他們通過電話，他們也介紹過幾位FTM的同志給我認識。而在是否要寫推薦信的諮詢期間內，博士說：「有些想動TS手術的人都很任性，缺乏耐性，很多人在中途就放棄了。」而同志們則說：「不知要到何時才會結束，情緒非常焦躁，而且沒有這麼多錢。」通常一週諮詢一次，一、二個小時要花三千到一萬圓不等的日幣。以博士的業績來看，價格並不算貴……。

但是若持續一、二年的話，費用就很貴了。如果還年輕，擁有成爲TS的熱切盼望，身體健康的話，也許不需要花這麼長的時間，不過我非常了解同志心中的苦悶。

在日本，要取得通薦信，得花上半年以上的時間到顧問那兒接受諮詢，這點一定要愼重。在美國，如果這個人要成爲TS的話，只要一週去一、二次，持續二、三週就能得到一封推薦信。至少我和我的朋友就是如此。但現在情況如何呢？……「英文檢定二級的英文能力是否能突破諮詢呢？」關於這點，如果你擁有想TS的熱誠，只要經常翻閱字典，應該能夠辦到。成爲日本人TS，小到諮詢，大到提昇祖國TS的水準，都應該要學習英文。如果對於稍後刊載的詢問事項，能夠在腦海中順利直接地翻譯成英文，則應該就不成問題了。

## 諮詢的真相

在此爲各位介紹一下要得到推薦信必須要通過的諮詢內容。

在我去GRO之前，曾經接受過在紐約團體的諮詢，因此，我大約知道諮詢是怎麼一回事。但是，我沒有想到GRO和紐約團體的諮詢過程相同。

一開始，利用符號問卷回答MMPI（明尼蘇達多面人格調查），約有五百七十道題。大多是「你怕地震嗎？」「你怕蜘蛛嗎？」「你喜歡『愛麗絲夢遊仙境』嗎？」等，會讓人懷疑「這些問題與TS有關嗎？」但是經常出現同樣的問題（也許每次回答都不一致的人，表示有問題吧）。可以說的確是很適當的性格調查，後來，我閱讀在一九六〇年所發行的『茶間數學』這個與TS問題無關的書，在書中敘述當時的就職考試包括「MMPI或克雷佩林作業檢查」，因此，我知道TS諮詢並不是獨創的，而是非常古典的檢查法。如果不是非常奇怪的人，在這個測驗中，不會被排除TS對象之外。不過，要正確地回答大約五百七十道題的英文也不容易。

其次要做的，就是回答十六張問卷，需要極強的英文作文能力，只要能夠把自己所想的傳達出去，之後就變得非常輕鬆了。接下來的面談，多半是按照這個問題事項來探討的。

腦筋靈活的TS，可以對於這些問題舉出「我要成爲TS該如何回答」的模範回答。因此，對於這一方面的問題，也許能夠出版「模範回答集」吧！不過那又是類似的答案而已，還是要老實、誠心誠意地回答比較妥當。

因爲如果回答錯誤，在稍後的面談時，就會漏洞百出。美國這類團體專屬的學者們，都是專家，絕對不可掉以輕心。因爲他們已經看過成千上百的症例，堪稱是老手，如果你只是採用模範的回答，他們一眼就能看出那是謊言。

——審查終了之後，心理學家會直接將推薦信送交組織方面，由執刀醫師團通知手術的日期，通常是在三、四個月以後，因此可先歸國，耐心地等待。這就是眞性TS的作業過程。

但是有一點……我和我的同志FTM可以輕易地通過審核，可能是因爲我們未與男性有性接觸的經驗吧！換言之，我們是維持童貞的處女。的確，在審核上，對於這些人有利。我的一位朋友MTF，長期注射荷爾蒙，是一位美女，但是他已經結婚，是一個孩子的爸爸，因此，他已經停留在美國半年以上，持續到諮詢處接受諮詢與面談。看起來的確是女性，但是對於他們的審核較爲嚴格。

在此，爲各位列舉TS在審查、面談方面的一些詢問事項。關於TS方面的問題，反而比較少，可能是因爲現在對於「TS（變性症）的原因是……」並未明確定義，所以比較注重個人的個人史及生活狀況吧！希望進行變性手術者不需要勉強回答，要以謙虛的姿態來面對這些問題。

## 詢問事項

- 姓名（希望符合現在所擁有的性別的姓名）。
- 姓名（法定姓名）。

- 出生年月日。
- 地址。
- 電話號碼（自宅、公司）。
- 身高。
- 體重。
- 希望的性別。
- 解剖學的性別。
- 我經常穿著（男／女）的服裝。
- 我經常過著（男／女）的生活。
- 所使用的荷爾蒙（型態、一次的量、頻度、到目前爲止持續了多久、處方醫師的名稱及其住址）。
- 從何人那裡知道我們這個團體？請告知姓名。
- 是否曾經經歷過其他種類的團體的審查？（有／無）回答「有」的人，包括治療期間的長度在內，要舉出團體的名稱，並寫明不再前往該處的理由。
- 對於我們所做的事有何想法，認爲我們將會如何幫助你。

• 請以自傳的方式，把你成長過程中覺得最重要的事情寫出來。此外，也要寫出自己現在的感想。

**☆家族史與個人史**

• 關於母親（姓名、住址、職業）。
• 關於父親（姓名、住址、職業）。
• 父母是否離婚？（是／否）
離婚當時你的年齡是幾歲
• 誰撫養你？（血緣關係）
• 依照年齡順序寫出兄弟姐妹的名字、年齡與性別。
• 家族中與誰的關係最好？父母最疼愛誰？經常與誰發生爭執？經常和誰待在一起？誰最了解你？受到父親或母親的影響較大？請簡單地書寫。
• 家庭內的氣氛如何？
• 是否覺得與家庭中的某人斷絕關係？又是誰呢？
• 與父母交談的頻度爲何？
• 父母知道你希望成爲異性生活的決心嗎？（是／否）如果是的話，父母對於你的決心及想要的變性手術的想法有何看法呢？
•如果父母不知道的話，何時向他們坦白呢？
•最好的情況下，父母會有何種反應呢？
•家人中是否有精神病患者，是誰？期間多長？
•家人中有誰因爲精神病的理由而住院？住院期間多長？
•家人中有人罹患酒精依賴症嗎？（是／否）
回答「是」的人，說明誰罹患酒精依賴症，對你有何影響。

**☆關於教育、就職方面**

•現在的職業。
•雇主。
•服務多久？
•月薪。
•簡單書寫對這個工作的感想。
•我是以（男／女）的身分被雇用的。
•同事認爲我是（男／女）。

- 你目前還沒有開始所想要的性別的生活，開始以後，打算從事何種職業。
- 假設五年後的計畫，如果從事資金周轉靈活的職業，哪一種職業比較好呢？請具體地說明。
- 你認爲五年後會實際從事何種工作？
- 對於未來你想要完成的最後職業是什麼？
- 請依序說明過去五年來的職業和地位，從最近的開始寫起（雇主、地立、何時到何時爲止）。
- 目前是否接受生活保護？（是／否）
回答「是」的人，接受期間多長？
- 過去是否曾接受生活保護？（是／否）
有的話，期間有多長？
- 曾經有幾次認爲必須要利用賣淫的方式當成生活的手段。
- 最初的就學年齡。
- 從小學開始到幾所學校就學（與轉學無關，例如小學、國中、高中、大學的話則是四所）？

• 最後學歷。
• 高中時代喜歡的科目，以及（不論是否喜歡）成績好的科目。

## ☆社會、心理學方面

• 是否在警察局或拘留所受到討厭的待遇，有的話，請簡單書寫。
• 是否曾被告發爲犯罪者，有的話，請簡單書寫。
• 打算過異性的生活，結果意料到會產生何種法律問題？
• 書寫現在所使用的荷爾蒙以外的醫藥品及用量。
• 是否曾企圖自殺？（是／否）
回答「是」的人，書寫當時的年齡及使用的方法。
• 是否認眞考慮過自殺或傷害自己？（是／否）
回答「是」的人，請簡單書寫。
• 是否曾經傷害過性器？（是／否）
• 現在是否已婚？（是／否）
如果是的話，請簡單說明配偶關於你的變性計畫的想法。
• 結婚的次數、當時的年齡、期間長度、你所扮演的性角色、是否打算在法律上辦理離婚、離婚的理由，請簡單書寫。

• 是否曾經爲人父母？（是／否）

如果是的話，請寫下小孩的姓名、年齡、性別、和誰一起生活。

• 請書寫現在與孩子的關係、見面的頻度。

• 請寫關於你的性別的問題，小孩有何反應。

• 如果小孩在意你的計畫，你打算如何向他解釋。此外，變性之後，打算如何與他相處？

• 請寫擁有何種信仰？

孩提時代：　　　　現在：

• 在成長的階段中，宗教扮演何種角色，或是現在宗教扮演何種角色？

• 請寫你典型度過一週的方式。

• 和誰一起生活？

• 是否有朋友知道你的計畫？（是／否）

• 如果有的話，他們反應如何？

• 親友間是否有變性者？（是／否）

### ☆性方面

- 父母對於『性』的態度如何？
- 對於性行爲的了解如何？
- 最初所想像的性的情況是何種情況？
- 想像與男性性的接觸（不一定要性交），並寫出實際上最初接觸的情景。
- 想像與女性性的接觸，寫出實際上最初接觸的情景。
- 對你的生活而言，性（行爲）有多重要？
- 如何得到最初的高潮（自慰、與男性或女性發生性行爲等）？
- 曾有幾次得到維持一定期間（三個月以上）的性伴侶？
- 包括男女在內，請簡單書寫以往的性經驗，並寫覺得何者最好、何者最不好？
- 現在是否使用你的性器進行性交呢？
- 請寫自己喜歡的性接觸的方法（需要對象嗎？做哪些事情？做到何種地步爲止？想像的內容等）。
- 你認爲「異性裝嗜好」是怎麼一回事？個人對此有何感覺？
- 你認爲「變性」是怎麼一回事？個人對此有何感覺？

•你認為「同性戀」是怎麼一回事？個人對此有何感覺？
•最初穿著想要性別的服裝的年齡。
公開場合：　　　　私人：
•做這種服裝打扮時的方式（只穿著內衣褲、或全部都穿）以及頻度，穿著這些服裝時，有何感想？
•現在穿著（男／女）的服裝。
•是否曾經過著目前所想要的性別的生活？（是／否）
如果是的話，期間有多長？進展的情形如何？
•到目前為止，是否進行過部分的變性手術？（是／否）
如果是的話，請寫明是何種手術？
•如果能夠按照自己所想要的性別來生活，將來想要動何種手術？
•是否接受荷爾蒙治療？（是／否）
接受的人，在下面幾項中選出曾發生在自己身上的事。○比以前更不安　○沒有感覺　○其他
•為什麼想要接受變性手術？

- 在人生中，你覺得這種手術是什麼樣的情況？
- 對你而言，你覺得女人是什麼？
- 對你而言，你覺得男人是什麼？
- 你認爲男女最顯著的差距是什麼？
- 如何考慮手術後的生涯規畫？
- 你覺得手術所產生的不快症狀有哪些？
- 如果認爲按照自己的性格、體質適合動外科手術的話，請寫明。
- 手術後需要哪些調整？
- 覺得在哪方面會產生問題（藥物的過敏、副作用、麻醉的休克等）？
- 請舉出知道你所在的場所、能夠取得連絡的親友三個人以上的姓名、住址、電話。
- 全部舉出支持你努力想要擁有自己所想要性別的專家（心理學者、醫師等）的姓名、住址。

相信大家已經發現到了「家人中是否有酒精中毒者或精神病患者」、「假設五年後能夠從事資金周轉靈活的職業，哪一種職業比較好」、「一週的度過方式」等，對於這些「看起來與個人的TS無關」的問題，事實上，就是想要了解欲變性者在身體和實際生活上是否都是健全的人。

身體的精神、神經無異常，亦即不是因爲這些異常或疾病而產生TS願望，這一點非常重要。一般顧問會認爲如果有人想要把TS當成是一種手段，「動手術之後能夠在同性戀的酒吧工作，過優雅的生活」。這是不對的想法，因此必須詢問五年後的職業考慮。而至於詢問一週的生活的態度，就是希望了解現在手術前的生活並不是自甘墮落的生活，而且對於手術後的生活方式不會感到不安。

TS會使得生活出現很大的變化，如果說神經不安定，只追求虛榮，那麼這種人一旦動手術，會變得很危險。因此，這些問題，只不過是想了解其人是否在理想的範圍內，絕對不算是嚴格的問題。

## 諮詢的重要性

就我個人的感覺而言，我認爲TS支援團體對於外國人的評價比較鬆。因爲特地遠渡重洋來到他國進行TS手術，審查者也能夠體會到希望動手術者的熱情，而且一旦結束治療之後，就會回到自己的國家，就算在機能方面出現不適當的問題，相信也不會發牢騷而返國去製造訴訟問題吧！但事實上果眞是如此嗎？

的確，在任何一個國家的治療機構，對於本國的患者都非常的嚴格，例如日本在暗地裡動手術大行其道，在一九九六年一月時，基於優生保護法，禁止TS（或切除生殖器），並不存在專門的團體，不過，還是有先前所敘述的海外公認的學者們可以寫推薦信。如果患者要動眞性TS手術，則在日本動手術所需的日數和費用，爲美國的好幾倍。

但是，這也是無可厚非的，因爲在日本最悲哀的，就是除了半陰陽等的治療結果或是不得不變性的情況之外，現階段無法改變正式文件上的性別，所以手術後，必須要背負著身體的性別與法律上性別的差異來生存，當然，只有大而化之或擁有開朗的見解，具有優良精神的人才能夠忍受。但是，患者果眞擁有這種人格嗎？能夠了解這一點是非常重要的。像美國，是能夠輕易改變出生證明的國家，但是對於自己的國人，在手術後還是要進行變更法律上性別的諮詢。

如果是TS手術，不只是外觀，連內部也會產生大變化，這個事實必須牢記在心，而且，這一方面的問題也比較嚴重，荷爾蒙的平衡容易崩潰，尤其MTF的場合，情緒容易不穩定，會陷入女性特有的歇斯底里或更年期的鬱態中。

身心都遭受極大的打擊之後，難保能夠擁有健全、穩定的人格。爲了正確洞悉這一點，由熟練者進行諮詢，堪稱是TS最初的重要一步。

在此結束諮詢篇，以下的文章雖然是冗長的叙述，但卻是對於目前動不動就想要動手術的人提出的警告，引用一篇可怕的文章，同時，這也是對日本有關單位關於處理TS問題的方式腳步緩慢提出的呼籲。

大家都知道，在日本的性別有判定手術是違法的，因此，並不存在專攻這一方面的診所或治療者。現在在諸外國研究者不可或缺的手術前後的精神療法，也不能夠加以進行，關於屬於性別再判定的各種處置，是在檯面下進行的。因此，因爲這種病理而痛苦的人所處的狀況，眞是難以言喩。例如，醫師或不習慣動這一方面手術的人，在設備不完善的地方進行睪丸摘除術，這個部分化膿而必須再動手術的例子，屢見不鮮。關於使用荷爾蒙方面，則更爲大膽，他們會拜託認識的女性去購買口服避孕藥，任意地服用。

根據調查，發現日本變性症者的相關手術，多半是由東南亞的外科醫師進行的，因此，欠缺手術前後精神療法的照顧。目前，多數的研究，強力建議分爲兩階段的處置（只利用女性荷爾蒙，先產生女性外觀的患者，過了一定期間的女性生活之後，兩評價其適應性，依其結果，進行外科的再判定）。但事實上，在這些地方都沒有進行這樣的二階段處置，只進行一階段的手術。這是無法再回頭的一階段的手術，可是沒有進行包括心理學篩選在內的醫學、心理學的治療，因此，許多日本變性者想要自殺。

## 2　荷爾蒙篇

投與所希望的性別的荷爾蒙，可以說是比手術更重要的事情。如果是MTFTS的話，若不充分投與女性荷爾蒙，使其融入身體內，再去除睪丸的話，會大大地危害健康，甚至縮短壽命。如果不動手術，持續給予荷爾蒙，慢慢地也會變成女性化，而且意識到自己「擁有男體」的程度會降低。

對於TS而言，最初投與荷爾蒙的日子，是值得紀念的日子。像我覺得這就好像是能夠自己所想要的性別之旅的出發點，因此興奮得徹夜難眠。在諮詢時代，就好像爲了踏出最初的第一步而在玄關穿鞋一般。擔心會下雨，擔心出發日子會延期，可說是非常不安定的時段。而投與最初的荷爾蒙，可以說是告知光輝燦爛之旅的開始。

## 適量與忍耐必備條件

我按照美國所開的處方箋的量自己注射荷爾蒙，而其他的ＴＳ，多半自己走訪國內的醫師，請醫師投與。而且，從去看醫師的那一天開始就投與（婦科的開業醫師或大型美容整形外科醫院爲主要的目標）。但這的確是很可怕的做法。

去勢前投與太多的荷爾蒙，如果只是超過少量，則頂多是效果延遲，沒什麼問題。不過，如敘述一般，若是太多的話，就會產生嚴重的副作用。能夠形成副性徵的性荷爾蒙的量，只是如一張郵票的重量而已，微量物質會產生重大的影響，因此眞想貼上「請注意處理」的標籤。

我的荷爾蒙主治醫生，是在曼哈頓擁有一間辦公室的Ｆ……醫師。他是此道權威，被美國的ＦＴＭ同志視爲如慈父般地仰賴，眞是一位非常熱心的好醫師。最後一次見到他，已經是三年前的事情了，現在仍然與他書信往來，要接受這位醫師的治療，需要其他醫師或心理學家的推薦信）。

此外，我們全都是Ｆ醫師的研究材料，他會檢查所有的患者，確定進行ＴＳ手術的內分泌治療的眞道。在每個人使用荷爾蒙之前，都會仔細地檢查，包括身高、體重、血液、尿液、血壓，旣往症等。尤其血液的檢查十分的嚴格，像我在使用之前就已經出現男性化（鬍鬚和一些胸毛、腿毛較長、月經稀少）等現象，因此醫師必須要仔細地爲我檢查，這些全都是爲了能夠開出適合我個人的荷爾蒙程度的處方。男性荷爾蒙程度較高的人，如果投與和普通FTM同量的荷爾蒙，會對身體造成不良的影響。因此，指定的用量爲平均以下的改變量。

我在國內的同志們，在日本得到藥時，幾乎未經過檢查。事實上，態度草率，幾乎大家都是投與等量的荷爾蒙，令我深感不安。忽略個體差而投藥的話，也許在十年、二十年以後就會產生毛病，令人憂心。

因此，最重要的是，不可超出自己的適量。雖然效果的快慢因人而異，但是一定會奏效。不可因爲沒有出現跡象，而自己任意增加服用量，必須以忍耐得到發芽的機會。

不是說一旦投與荷爾蒙後，大家就會立刻感覺到幸福的。在此所介紹的是有關MTF的話題，具有如下症狀的人，即使在美國數個承認對於TS的投與荷爾蒙是正規治療的州，也不會爲他們進行荷爾蒙的投與。

一、重度心臟擴張的高血壓。

二、由病歷上看出心臟滯血的人，或由心電圖看出罹患重度心臟機能障礙的人。風濕性心臟疾病、小瓣欠缺、傳導障礙、心肌疾病等廣泛的心臟疾病，以及心肌炎等都包括在內。

三、血栓性靜脈炎或與血栓有關的疾病。

四、擁有腦血管的疾病。

五、經由肝功能檢查發現明顯的異狀，或過度喝酒所造成的長期肝功能障礙。

六、腎功能障礙。

七、無法抑制的偏頭痛型的頭痛突然發作，或網膜的病變。

八、幾乎無法控制的糖尿病。

九、近親有乳癌患者或本身現在乳房疑似有硬塊者。

十、過脂肪血或因蛋白血而造成的顯著肥胖。

十一、一天抽一～二包煙而引起肺結核。

沒有這些毛病，確認血中荷爾蒙的程度之後，才能夠投與所想要的蒙爾蒙。

那麼，投與MTF的荷爾蒙，到底是何種東西呢？

由醫師開出錠劑，或採用注射的方式，一般而言，所使用的基礎藥劑是口服避孕藥，即是所謂的「避孕丸」。避孕丸主要是黃體荷爾蒙（與卵泡荷爾蒙一起發揮作用，調節排卵周期與懷孕），同時加上些許的卵泡荷爾蒙（調節如女性般的發達及月經排卵周期）的製劑。如果MTF使用的話，可以說是造成「女性化」的藥物。

## 希望產生的變化

由先前的F醫師在紐約醫學雜誌刊載的論文中，引述關於MTF荷爾蒙投與的過程所出現的女性化現象。

治療的最初數個月，掉毛的情形非常顯著，面皰減少，鬍鬚的電解迅速化，這也是值得注意的事情。

開始治療以後，大部分的患者都能夠去除不安，產生一種安定的效果。

包括女性性別的發達的過程在內，首先是乳房的發達，對於將手淫視爲是罪過的大部分患者而言，性慾減弱，這也是可喜的現象。睪丸的大小及硬度的減少，鬍鬚電解之後再長的臉部的毛也不會太多了，同時，擁有如女性般發達的曲線。

---

有一些MTF的讀者認爲：「啊！眞是太棒了！開始投與蒙爾蒙之後，我也會變得如此嗎？」可不要想得太美。這全都要以以『個人差』三個字來下註腳，例如乳房的發

達等，不見得如你所料一般，擁有好的成果。

我有一些ＭＴＦＴＳ朋友，他們大都表示胸部的發育太慢，其中一名是西方人，即使從小是吃牛奶、肉類而長大，但是也不例外，有的人等不及，只好做豐胸手術。開始投與後經過兩年，胸部的發達達到顛峰，當然，這也具有個人差異，不過，平均而言，約如中學女性的程度。聽說有人注射十年而得到巨乳，不過，這畢竟是罕見的例子。

關於ＦＴＭ的情形，像我有關『毛』的症狀，在最初注射荷爾蒙之後的開始展開，看起來彷彿猴子一般（去勢後，亦即去除卵巢之後，藥量減少，鬍鬚變得很深，手腳的毛量大爲減少。相反的，開始產生禿頭的變化），但是變聲較慢。此外，我的一個朋友立刻就變聲了，不過，卻沒有長出鬍鬚來（台灣人ＦＴＭ。可能是因爲民族不同吧）。另外一個人則是生理期一直無法停止。我認識的ＦＴＭ有數十個人，每個人的變化都不一樣，具有很多不同的症例。所以各位ＭＴＦ請不要焦急，效果慢慢地就會出現。即使如中學女生一般的乳房，但是如果揉捏的話，或許就會變大一些吧——。像我不論再如何地隱藏，到了就讀中學三年級時，成長到最大。

看ＭＴＦ的朋友，說明綜合的感想，首先就是聲音沒有變化。一旦拉長聲帶則無法復原（也可以動使聲帶縮短的困難手術，不過，通常不對TS進行這種手術）。在說話的方式上下工夫。努力說話，這是很重要的。有一個人原本是低音，但是現在卻能夠以清脆的聲音說話。他說：

「我的朋友們是請專家教他們發聲，持續擁有女聲，但是聽說要花很多錢，所以我自己下點工夫，使用獨創的方法，把自己的聲音錄在錄音帶裡，再用比上一次的聲音更高的聲音說話，持續一週，然後再錄音，之後再用更高的聲音持續說話一遍……。反覆這樣的練習。即使沒有特別接受荷爾蒙治療的人，也可以進行。」

我好幾次與她在一起四～五個小時，互相聊天。她始終能夠保持清脆的女聲。

關於鬍髭方面，會持續地生長，但速度會慢慢地減緩，體毛減少，肌膚美麗、細緻、頭髮增加，具有光澤，得到濃密的黑髮。但是如果原本就是禿頭的話，我就不敢保證這一點了……。頭髮稍微稀疏的人，能夠重新擁有蓬鬆的秀髮。

肌肉減少，脂肪附著，形成美麗的曲線，但是必須投與三、四年才能夠辦到。尤其在去勢後速度會增加吧！但是，如果想要光靠藥物擁有女性特有的纖細肢體，則需要忍耐。雖然肌肉減少，但是骨架仍然存在，因此會成爲看起來比較壯碩、肩膀較寬的人。或是相反的，好像氣球一般，會變得極端的肥胖。這種情形也經常出現在FTM的身上。因為荷爾蒙的平衡失調而導致肥胖，也與成人病有關。有關這一點，在稍後的項目中再為各位敘述。

此外，還有一點就是，「成為女人變得敏感之後，想要做愛，希望體會這種女人的快樂」。不過，前面提及，「性慾減退」，也是投與荷爾蒙的結果之一。有幾位MTF說，雖然感覺身體更敏銳，但是卻不想做愛。雖然性感帶發達，也是如此。

不過，這一點也具有很大的個人差異，有的人可能原本性慾就較強，或是深愛對方，因而會引發心情的快感吧！如果光是持續無愛的性交而想要成為女人的人，會顯著拉下TS整體的水準，成為如害毒般的存在。TS——以廣泛的意義而言，TG會被世人誤以為是「只想得到性滿足的人」，理由就在於此，因此，每一個人都必須過著正常的生活，避免遭受這些誤解。

此外，聽說注射比錠劑更具速效，而且副作用（例如女性生理期時的焦躁等）較少。

## 可怕的副作用

女性荷爾蒙的副作用之一，就是生殖器官組織的委縮。陰莖的組織為了做成陰道而翻過來，陰囊的組織成爲陰唇的基部來使用。團體內的變性症者擔心自己的陰莖萎縮，缺乏能夠製作適當陰道的足夠陰基的組織，爲了調整個有可能會出現的危險狀態，因此要保持陰莖組織的健康，進行自慰，避免陰莖縮小，這一點很重要……。（安·波林『夏娃·尋求在女性』）對於MTFTS而言，在不久的將來要動手術，會出現一些副作用。此外，還有一些可怕的副作用，會使得身體無法動手術。

爲使這個部分特別具有說服力，因此引用專家的文章。雖是婦女用的，但是對於MTFTS而言也大致符合。

十五歲～四十四歲的年輕女性，避孕丸使用率較低的國家，心臟病與腦中風的死亡率較低；而避孕丸的使用率達到二十%以上的國家，則有增加的傾向……。避孕丸所造成的血管障礙，不只是以往所認爲的腦血栓或心肌梗塞，還包括廣泛的心臟病或高血壓所引起的疾病……。而副作用及其發生率如下：

| | |
|---|---|
| 噁心、嘔吐 | 四一·九% |
| 乳房痛 | 一七·五% |
| 頭重、頭痛 | 一一·二% |
| 食慾不振 | 七·五% |

體重增加　　六・〇％
色素沈著　　二・三％
腰　痛　　一・九％

另外，內臟異常方面，包括肝功能異常二十三例，內分泌異常十二例，腎功能異常一例，血液異常一例……。

避孕丸具有如上述一般的各種副作用，因爲它是荷爾蒙劑。不論是哪一種荷爾蒙，如果在體內太少或太多的話，都會導致全身性的異常……。常用的話，有時會引起荷爾蒙過剩。但是，對於荷爾蒙的反應，具有極大的個人差異。所以到底超出何種程度以上算是過剩的一般量，則無法決定。因此，爲了達到避孕目的而使用最低量，但是卻造成荷爾蒙過剩而出現副作用的例子屢有所聞。

（田村豐幸『藥是毒』）

「我一直使用，可是並未發生這種事情呢！」也有這一類的MTF讀者。但是，避孕丸具有引起腦軟化的可能性。根據美國方面的調查，經常使用避孕丸的人，因爲腦血管破裂而形成腦溢血的出現率，爲未服用者的二倍；因爲腦血管內形成血栓而導效腦軟化的危險性，則爲十倍。而且以後有罹患痴呆症的可能。

其次，乳癌也是需要注意的事項。乳房增大，同時乳癌瘤也更爲發達，自己一定要徹底地進行觸診。

此外，前面的F醫師的論文中，關於MTFTS的各種檢查的叙述，雖具專門性，但是仍爲各位叙述一下：

定期檢診是每三、四個月檢查以下的事例。包括血壓、出現在腳的靜脈節症或靜脈炎、胸部及肝臟的觸診。

血清催乳激素的測定，在手術前後，對於調整患者的身體而言都是很重要的一點。其測定值，如果是MTFTS荷爾蒙的反應，則是腦下垂體或丘腦下部的分泌過多。許多接受MTFTS荷爾蒙療法的患者，血清催乳激素價較高。一毫升中超過四〇～四五毫微克的血清催乳激素價較高，表示抑制催乳激素的要素，即由卵泡荷爾蒙所誘發的，丘腦下部荷爾蒙突然停止分泌，或是形成可怕腺瘤之前兆的乳養分過度生產所致。暫時停止持續投與的藥劑，或藥用量的減少，使得出現丘腦下部機能障礙可逆狀態的兩位患者的催乳激素價降低。血清催乳激素測定，至少每三個月要進行一次。爲避免出現催乳激素過剩的失敗，因此在停止藥劑的投與之後，要檢查甲狀腺的功能。同時，爲了排除極罕見的腸下垂體小腺瘤的發達，因此要藉著許多的斷層掃描法（CT電腦斷層掃描）再檢查。在我們機構的過剩催乳激素的患者中，並沒有出現甲狀機能不全者。

肝臟的掃描是爲了發現肝臟內（可能成爲腫瘤）的塊狀物的存在，因此要經常進行。對檢查的間隔達到三～四年的患者進行肝膜的掃描，發現肝小泡腺瘤或病巢小結節過度形成的例子增加了。

本章所引申的叙述，是表示荷爾蒙副作用之可怕性的相關事項。對於FTMTS而言，當然也存在副作用的問題。膽固醇容易積存，血壓容易上升，容易引起各種成人病，而且肝臟容易受損，容易罹患肝癌，心臟的力量較弱，所以TS還是會損傷肉體。雖然事前已經知道：「如此一來，可能無法長生」，但是，如果是眞性TS的話，不選擇這一條道路，就無法生存。不選擇所背負的精神負擔，比選擇之後所承受的肉體損害大數百倍——。

但是，偶爾想到自己的身體時，會汗毛直豎，因爲已經放棄了長生的念頭（世界上最初成名的MTFTS克莉斯汀・喬琴賽，在一九八九年六十五歲時死於肺病〔註：參照第二章五月三日的記述〕，記錄上最初的FTMTS邁可・狄龍，在一九六二年四十七歲餓死——此人是喇嘛教的喇嘛，可能是死於修行中）。如果要以規律和節制為黃金律來走TS人生的話，則晚年一定會罹患疾病，過著檢查與投藥的日子。

數年前，女性週刊雜誌上有一則報導，記載：「如果男人們認為對身體無害，則使用女性荷爾蒙變漂亮一些，應該也不錯！」看到這篇報導，讓我覺得毛骨悚然。即使眞的無害，也不需要攝取不必要的藥物。

而動過TS手術的我們，並不是特別強健的人，可以說是抱持必死的覺悟之心來使用荷爾蒙的，絕對不是因為想要使用而使用的OTS治療被當成嘲弄的對象，令我感到困擾。事實上，我們是抱持覺悟之心，接受TS手術，而且為了將副作用抑制在最低限度，因此必須各方面都過著正常的生活。

以下的敘述也是引用他人的文章，而在前項也揭示了駭人聽聞的文章，結束荷爾蒙篇的敘述。所以希望使用荷爾蒙的讀者，不要模倣引用例。

某位變性者想要自己監控荷爾蒙處置程式。這個人不依賴醫師的知識，看遍所有關於女性荷爾蒙周期的文獻之後，自己訂立計畫。而其服用量……已經遠超過最大服藥量的處方水準。……結果他變得非常的消極，我知道此人不知道是否該將自己的處方告訴團體中的他人而感到十分的躊躇，因此我送給他關於荷爾蒙攝取過剩會造成負面影響的有關副作用的研究情報。結果，他也同意減少自己的服用量。研究結束大約經過六個月後，此人因爲心臟病發作而死亡。我對於許多變性者的最初忠告，就是要讓他們知道這個極端的荷爾蒙處方例。事實上，與其死亡有關的高荷爾蒙服用量並未得到公認，而且也不會使他變得更年輕。

（前揭『夏娃・尋求內在女性』）

## 3 手術篇

對MTFITS而言，爲了過女性滿足的生活，最大的阻礙就是陰莖和睪丸。只有加以去除，才覺得整個身體是眞正的女性身體。

就我個人的感覺而言，對於TS來說，決定性的關鍵就在於「陰莖」。即使鬍鬚很濃、即使去除了乳房，但是如果無法安裝陰莖的話，就會覺得不像是男人。我的一位朋友MTFTS就說：「即使去除了睪丸，仍然能夠勃起，而放入睪丸的袋子一併變得粗大，感覺比以前更粗大了……。」總之，在沒有陰莖的時候，覺得最感動。

但是，事實上眞正的MTFTS，在全裸時，如果不被認定是女人的話，就會覺得很不舒服。當然，會努力隱藏股間多餘的東西（天生是女性的人，也會隱藏自己的私處，但是不會產生不安感），希望能夠像眞正的女性一樣，堂而皇之地進入女性公共澡堂中泡澡。

不論是MTF或FTM，人爲製造的性器，即使會產生性感，也遠不及自己原本擁有之性器的感覺來得強烈。所以TS即使必須要犧牲性感，但是也希望得到周圍衆人認同的解剖學觀點的性別（如果是MTFTS的話，則爲女性），這樣才能夠感受到數千倍的喜悅。看到朋友的遭遇以及我個人的遭遇，我確信如此。縱使已經變成男人，可是害怕別人知道自己以前不是男人，戰戰兢兢的，如此一來，即使身體變性，可是在心情上，這個人不算是完成了TS。

將自己是女性視爲是理所當然的事情，要成爲普通的女性，這是MTFTS的心願。

因此，必須要動手術，進行陰道形成術。

本章爲各位叙述過GRO或TS患者一連串的治療方式，在此最初得到的資料，除了陰道形成，陰道吻合術之外，其他的根本就未談及。

一

如果能夠得到精神科醫師與外科醫師雙方的承認，則在異性生活體驗期間內，可以接受一些整形手術。門診患者可以得到的手術如下：

⊙甲狀軟骨削減（註：縮小喉結）——手術費一千五百美元，手術室預約費五百五十美元。

⊙豐胸手術——手術費三千美元，其中的塡塞物四百美元，以及手術室預約費九百五十美元。

豐胸術至少需要一年換服裝的體驗，以及投與荷爾蒙的人才能夠進行。

資料中只寫了這些。也就是說，內外性器以外的手術，也涵蓋在「一般美容外科」的範疇內，在此不必要詳細探討。對於FTM而言，去除乳房是不可避免的手術，但是卻沒有發現這一類的資料。可是，事前就能夠得到關於製作陰莖的詳細資料。尤其是MTF，因爲荷爾蒙的作用，使得自己的胸部本身就有些突出了，因此對於豐胸術，當然會掉以輕心。

## 豐胸手術

但是，因人而異，有的MTF認爲「關於乳房的煩惱是最大的煩惱」。根據手邊日本最新的資料，引述對先天女性所進行的手術。

①生理食鹽水法

……點滴時也會使用，對身體安全的生理食鹽水，具有安全性，而且手術疤痕不明顯，一生都可以放入，沒有問題……。

②脂肪注入法

……吸取自己身體多餘的脂肪，注入乳房，將自己脂肪太多的部分移到不足的部分，是對身體較有利的資源回收方法。……這個方法的優點，就是不會產生不適應與不安感。方法與生理食鹽水法同樣的，安全，不會產生不適應，而且是利用自己的脂肪，因此，很多人對於注入脂肪的方法頗感安心。

（品川美容外科主編『超級美容術——美麗、自由自在』）

---

我的朋友數年前在日本接受豐胸手術，使用因爲乳癌而必須去除乳房的女性所使用的乳房重建用的材料，看起來非常的美麗，傷痕只出現在腋下而已，只要手臂放下來就看不到了。

困難點，就是在於自己的乳腺與胸肌融合之前會在內部互相碰接而感到疼痛。我的朋友持續服用避孕丸，因此，自己的乳腺持續發達，故能夠抑制這種觀念。

## 陰道形成術

接下來，爲各位探討MTFTS的主要手術，也就是「陰道形成術」。

陰道形成術，可以說是GRO的傳統技術。根據加州發行的『FTM NEWS LETTER』所刊載的「一九八九年第十一屆變性國際會議」中的報導，有以下的叙述：

「D……醫師（屬於GRO整形外科醫師）爲他製造陰道。是利用直腸乙狀結腸製造的『最具有伸展性、具有觸感，而且能夠自行濕潤的陰道』。D醫師引用四十四位MTF的例子，說明復原之後沒有惡臭，收縮不會變得狹窄，非常的濡濕、有感覺，有深度。」

……嗯，人工女性性器也能夠達到這種地步，眞是太好了。接受這個手術的MTFTS，暗自竊喜地認爲，即使到婦科接受女性性器的檢診，也用不著難爲情，於是很有自信地回去了。感覺和眞物是一模一樣的。這種心情和前面所叙述的『戰戰兢兢』的感覺完全不同，純粹是確認爲女性性別的行爲。

但是，陰道形成術有很多的方法，例如使用背部和大腿皮層的「皮膚移植陰道形成

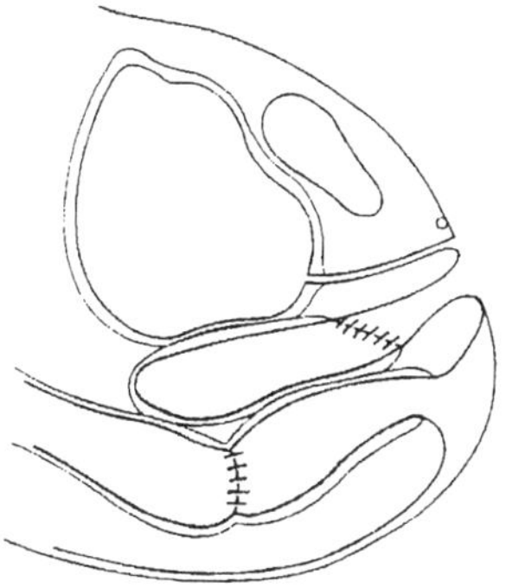

［圖2—A］

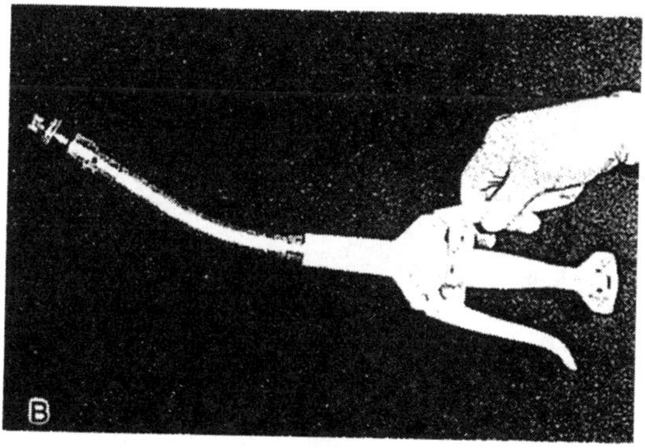


［圖2—B］

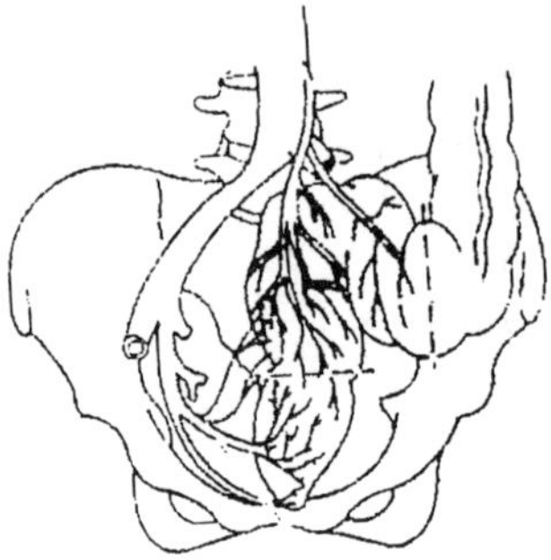

[ 圖1—A ]

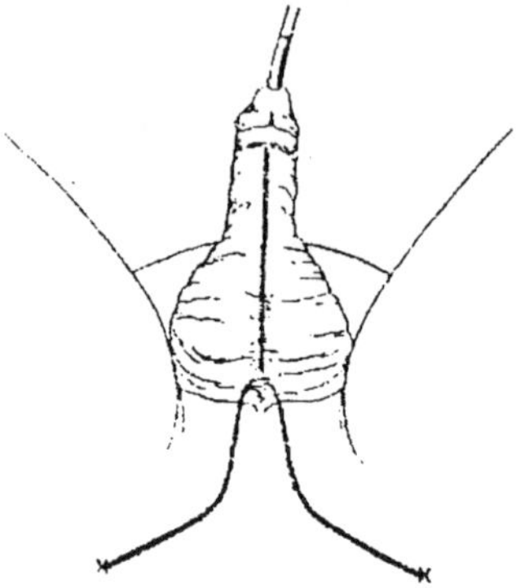

[ 圖1—B ]

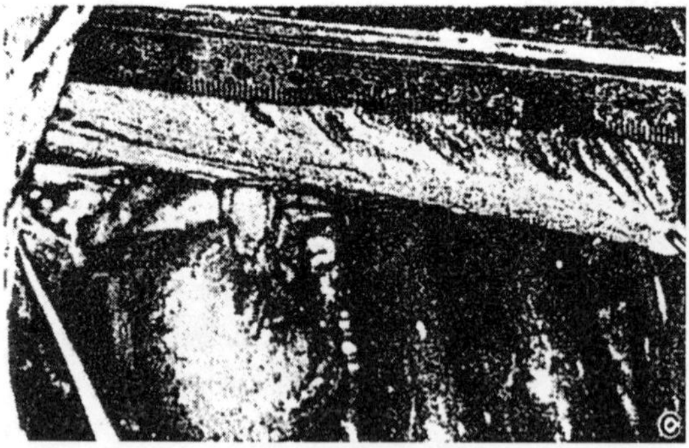

[ 圖1—C ]

法」，或在世界上應廣泛進行且以前在著名的摩洛哥等地進行「陰莖翻轉方式」。實際情形如何呢？就是要先將陰莖縱切，去除內容物之後，縫合外皮，爲了製造陰道，因此要縫在身體上。其次，打開陰囊，取出睪丸，外皮造成小陰唇與大陰唇。陰道的深度爲十五公分，非常的深。

ＧＲＯ的醫師進行過一千次以上的這種手術，認爲「復原迅速，併發症較少」，不過，還是持續追求完美的陰道。最後使用的，就是利用腸壁的陰道形成術。

關於這個手術，在ＧＲＯ接受手術的朋友ＭＴＦ擁有詳細的資料，在此爲各位介紹一下。此外，手術前後絕對不可抽煙，而且因爲會大量出血（使用直腸的ＭＴＦ手術比ＦＴＭ的陰莖製作失去生命的危險性更高），在手術之前，自己要先抽一些輸用的血液備用，這是爲了避免使用他人的血液而感染愛滋病毒。

爲了形成陰道的陷凹處，因此從陰莖中央朝坐骨、會陰切開（圖１—Ｂ），爲了形成陰道內的張力，因此取得的直腸和乙狀結腸的分節，通常以十五公分的長度（圖１—Ｃ），從上方腹膜翻轉的部分開始進行（圖１—Ａ）。而自律神經構造，可以使得手術後性交時產生某種快感。

整形外科醫師，讓這個分節具有蠕動樣構造。而組織的外觀方面並不加以處理，看起來健全又正常。由肛門插入GRO陰道形成用的特殊儀器（圖2—B），從一端到另一端固定（圖2—A）。腸的延長要小心謹愼地使其復原。儀器吻合時，需要確認是否會漏水，因此要通過肛門，施加壓力，使用強力的溶液一百CC加以確認。此外，利用鹽溶液充滿骨盤，看看是否會漏空氣，還是必須要通過肛門向結腸送入空氣，施加壓力。

空洞體的陰莖被切斷，爲了阻止腹股溝疝，因此要用力將輸精管結紮起來，去除睪丸。尿道形成術方面，爲避免剩下多餘的海綿體而使用其組織。大陰唇利用陰囊，小陰唇利用陰莖皮來製造。陰蒂則利用龜頭及小片，或是後方粘膜及海綿體來製造。

手術後的護理，則是最初的七十二個小時持續使用壓榨空氣型陰道擴張器，然後一天分兩次，每次用十五分鐘，持續使用十天。之後，再用保險套包住，以同樣的頻度，連續六週使用更硬的固體泡狀擴張器。

## 關於直腸乙狀結腸陰道形成術

• 乙狀結腸吻合術安全嗎？——熟練的外科醫師，對於各種的結腸釘住吻合術進行過二百六十次以上（在GRO），會漏的只有二例而已。

•是否有充分的粘液（愛液）滲出呢？——腸的部位使用越多的話，分泌液越少。因爲直腸乙狀結腸會吸收分泌液。粘液分泌，是使用灌注管或充分的性刺激所引起的局部反射現象。如果使用腸管其他部分，應該會分泌更大量的粘液。

•會失去感覺嗎？——結腸的乙狀部分會察覺到振動，具有區別氣體、液體、固體的能力。直腸在肛門性交時，也是當成性感感受目的而使用的部分。

•血液能夠充分循環嗎？——結腸組織的輸血部位的選定，對於避免血液循環與粘液分泌過多而言，是非常重要的局面。從結腸到輸血部分爲止，中央痔樣動脈的供給是必要，不可或缺的部位，一定要健全地留下來。所以，直腸不會形成爲了血液循環而使用的狀態。

•會傳染愛滋病嗎？（在手術的過程中）——到目前爲止進行直腸陰道形成術，並未發現愛滋病。不過，根據報告顯示，有的患者原本就已經罹患了愛滋病。

•直腸乙狀結腸陰道形成術的費用爲六千七百美元，住院前要支付的訂金是一萬五百美元，所有的費用必須在手術前一週支付完，否則就會取消手術。這個價錢會因當時的物價波動而變動。如果出現併發症而需要進行附加處置時，費用當然更高了。

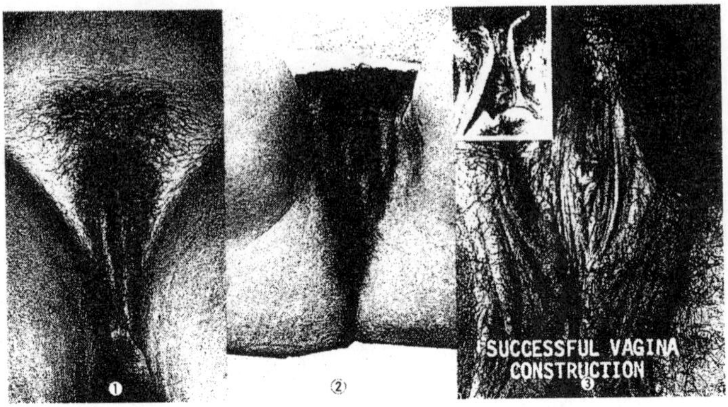


利用直腸乙狀結腸陰道形成術完成的外部女性性器

在此，我想要談一下自己的經驗。我動過三次手術，亦即在去除乳房時以及日後當成陰莖的肉管在下腹部形成時，手術後麻醉清醒之後立刻回家了。而包括摘除的性器的第三次的最後手術時，在手術的第二天就開始步行訓練。美國這一方面非常的嚴謹。麻醉力極強，在手術的途中絕對不會醒來，手術後的疼痛，可以藉著服用強力藥物或注射荷爾蒙而完全抑制。但是，因爲麻醉力過強，所以清醒後可能會吐一個晚上。我動三次手術，情形都是如此。尤其到美國動手術時，GRO說一定要帶一位照料者，出院之後，不論是在飯店或在汽車旅館靜養，無法一個人自己做飯、購物，可以僱用當地的人，一晚需要三十萬日幣。但是，也許對方根本聽不懂你的話，就算你說：「給我水……」，恐怕他也不知道你在說些什麼？

的確——在動手術之後，還會遭遇到這些狀況。對患者而言，出院後的痛苦或生活上的障礙，以乎堆積如山。當然，這一類的資料相當的缺乏，如果不是動過FTM的手術，我也不知道手術後會這般的痛苦。關於比使用直腸手術更普遍的陰莖翻轉術的復原情況，在之前的『夏娃尋求內在女性』一書中，引用一些叙述。關於直腸乙狀結腸陰道形成術，請參照本書第四章。

手術後的變性者洛伊斯叙述自己的經驗：「就好像被人拉扯內臟，然後再灌進水泥似的感覺。」亞里西亞所報告的手術後感覺是「幻想勃起」，同時，他說這種感覺是在塞滿紗布的陰道中的陰莖組織被拉扯之後才產生的感覺……。

當然具有個人差異，不過，變性者在手術後大約經過六週，就開始了性行爲。史密斯和威廉兩位醫師，承認這個時期的性行爲不只對情緒，對於擴張陰道的構造而言，都是有益的行爲。

擴張裝置令人感覺不適，最初插入時，甚至感覺有些痛苦，利用硬的物質進行擴張，但是需要利用潤滑劑。利用陰莖翻轉技巧而形成的變性者的陰道，不具有自然潤滑作用的構造。結果，必須要使用潤滑劑或膠狀物。

手術後變性者的高潮報告是一大鼓勵。例如班傑明發現到手術後變性者之間出現高潮的情形十分的普遍。手術後兩位變性者，其中一位不僅感受到高潮，甚至可能出現複數次的高潮。另一位正在感受高潮的學習過程中。關於由陰道刺激而產生舒服的性感覺等手術後的反應，這兩者是非常典型的例子。

手術後，需要經過相當久的時間，才能夠再回到工作的崗位上。當然，依工作性質的不同而有不同，不過，大約需要六週的復原期間。但是，如果原本是屬於打工性質，坐辦公桌的職務，也許就能夠提早工作……。

……變性者與手術前相比，一般而言，手術後比較有元氣。亞里西亞舉出其理由之一，就是手術前感覺到經濟的困難以及變性手術的危險性（生命受到威脅）。例如亞里西亞在手術前的經濟危機，覺得好像要摧毀自己似的，而動了手術，付完費用之後，對經濟困難的處理方面，亞里西亞覺得非常的輕鬆。爲什麼會如此呢?就像亞里西亞最後諷刺性地說：「沒有辦法再走回頭路了。」

## 重視ＴＶ的可能性

在連載本系列的時候，接到數封信，眞是非常的感謝。大都是「我原來不知道是否該進行ＴＳ，但是看了連載之後，發現自己是ＴＶ，淸楚地了解到如果進行Ｔ

S的話會後悔」。這就是我寫本稿的本意，因此感到非常的高興。……

各位TV，請重視TV的可能性。可以當男的或女的，而且利用具有自然感覺的自己的性器享受性愛之樂。看醫師時或泡溫泉時，也不用戰戰兢兢的，能夠成爲公司內的正式職員，而且可以老後過著安定的生活，能夠結婚，能夠擁有孩子。如果眞的很想動手術的話，還是可以動手術。

而已經動過手術的人，先前叙述的，幾乎都已經辦不到了，當然有其困難之處。

「我眞的很想進行TS……」，如果你因此而感到苦惱，請你想想「當女性會不自由」。雖然女人能夠受人疼愛，可以哭泣，與男人相比，在現代看起來似乎比較容易生存，可以穿著華麗的服裝，成爲吸引衆人目光的焦點，但是還是有很多的危險。

在人前必須經常併攏雙膝，保持優雅的站姿、坐姿、走夜路非常的危險。如果是TS，即使反強暴，也不會懷孕，但是可能會受傷或感染性病。瞬發力和身爲男性時相同，但是去勢後經過一段時間，失去了體力，可能無法抵抗而遭到強暴。

受到寵愛，換個角度來看，就是不被視爲眞正的人。如果你曾經是男性，而一旦被當成女性時，也許你會覺得受到輕視而感到忿怒。因此，美國很多的ＭＴＦＴＳ，等到成爲女性之後，才發現到成爲女性的缺點，但是後悔莫及了。在美國就是如此，因此，即使聲稱女性時代已經到來，但是就國內的狀況而言，相信各位也應該了解其中的不便。

美國的ＭＴＦＴＳ可以改變文件上的性別，可以得到正式的工作，但是在我國，情況就不是如此了。

總之，我國的ＭＴＦＴＳ，比普通女性會在各方面受到輕視，可能一般社會也不會理會你。ＦＴＭ也是如此，ＴＳ更是如此，這也是無可奈何之事。在現在的國內，各位ＴＶ不要逞一時的血氣之勇而考慮ＴＳ行爲。僅止於ＴＶ的話，即使成爲社會人的生活，也不會有任何的阻礙……。

……今後我打算在「女裝」藝術興趣上多加磨練。也許我們ＴＳ今後將會在社會上、國際上掀起軒然大波，屆時希望各位同志多支持。

雖然大家備嘗艱辛，但是還是要多加努力。

再見了！

# 第四章

# 美加與虎井的加州TS日記

**七月二十一日（星期二）**

在自己的TS手術結束後過了三年（一九九二年——一九九六年註），今天又站在加州的晴空下。

一樣是湛藍的天空，強烈的陽光，笑臉迎人的美加走了過來。就是我在前章（——諮詢篇）開頭所談到的MTFTS。

在兩年前，拿著GRO寫給我的「請幫助這位成爲美加的MTF」的信前來的她，與我首次見面。想要進入GRO之門，事先要做好各種的準備，包括心理學家的推薦信等文件，以及投與兩年以上的荷爾蒙，經濟力，英語能力……。一切條件齊備的她，今天在洛杉磯機場等著我。身高將近一百八十公分，在美國女性當中非常的顯眼。如果走在日本街頭的話，任誰都會以爲她是時裝模特兒。

首次見面時的第一印象，就是「哇，好高呀！眞是一位大美女！」眞的是面貌佼好，看起來的確像個女子，而且說話的表情相當的可愛，擁有女生淸脆的聲音。

既然是受GRO之託的話，當然這個人値得信賴，而且很喜歡美國的我，由她支付我們所有機票費與住宿費用，我當然願意陪伴著她。事實上，從第一次見面到今天，將近兩年的時間，我們已經見過好幾次面，談過好幾次話，我確信「她是非常正常的人，不要緊」。

她直接進入某私立大學醫學部，但是無法斷絕對TS的熱情，因此中途退學，爲了賺取手術費用，在新宿某家男同性戀酒吧工作，長達數年。爲了到美國，不惜放棄了以往華麗的生活方式。因此，我深知她的個性篤實，而且充滿上進心。歸國後，整理身邊的事務，再度回到美國學習，希望能夠成爲GRO的一員，幫助煩惱的同志，眞是太偉大了！

由美加開車，從洛杉磯驅車奔馳了數百多公里。晚上過了八點時，到達GRO的某個城鎮，因爲是夏季時期，所以太陽還沒下山。

**七月二十二日（星期三）**

明天要進行腸的診察，在此之前，先買了三瓶灌腸劑。一百三十三CC，非常的大，十點進行診察，三小時前，要一瓶一瓶地注入，必須要充分地忍耐，持續地注入，眞是很辛苦……。

到GRO的辦公室，對我而言，已經三年不曾來到此地了。全都是我懷念的人，大家都沒有改變，可是我卻變了不少，大家都說：「你好胖啊！」這個辦公室是進行性器整形外科手術的雷翁醫師所擁有的。辦公室裡擠滿了處理GRO所有事物的秘書芭芭拉女士，以及護理長米希爾等人，眞是令人感到無比的懷念。沒想到還能夠見到他們。

在候診室等待時，一位身材高大、看似非常溫柔的女人對我說話：

「先前聽芭芭拉說，你和我是同樣的患者。」

「咦，同樣的？……」

「都是變性者啊！」

「咦——」

美加也和她一樣，除了身材高大之外，我根本不會認爲她以前是男性。苗條的身段，優點的聲音……大概三十五歲左右吧！聽說她擔任銀行職員，叫做傑希卡。去年秋天動過TS手術，由於製造的陰道縮小，因此要做輕度的修復手術。因爲各種的理由，日後要修復的TS患者佔整體的三分之一。美加不知道能否倖免。

和傑希卡交換住址，互相道別。她眞是好同志。

後來，先到血庫去抽輸血用的血液，大約四百五十CC（爲了防止愛滋病等的感染，採用自給自足的方式）。事後聽到美加好像得了輕度感冒，昨晚服用抗生素。這樣的血回來體內也無妨嗎？

手術的六週前禁止抽煙，四週前中止投與荷爾蒙劑，兩週前開始，不可以服用含有阿司匹靈的任何藥物。

**七月二十三日（星期四）**

昨天晚上開始絕食，今天早上按照慣例注射完三瓶灌腸劑的美加，到胃腸外科的格雷姆醫師的辦公室，進行腸的分流手術。

內視鏡從肛門插入，進行腸內部的檢查。雖然五分鐘就結束了，但是非常的痛，連在隔壁房間等待的我，都聽到了呻吟聲……。

還好，沒有異常。

根據格雷姆醫師說，在手術後，大約有半年的期間會因爲突發的變異而跑廁所，或是即使上廁所也沒有辦法順利地排便。

在歸途的車上，美加一直對我說：「我覺得心情相當的複雜，我很高興能夠動手術……但是手術之前，每一件事情都已經事先決定好了，所以我不會特別的感動……我還是很擔心結果，眞的是好擔心，看起來和眞的一樣嗎？」

——在一切尚未結束之前，我什麼都不能說，只能夠祈禱。

**七月二十四～二十六日（星期五～星期日）**

恰好從今天開始沒有關於TS的事情，結果我卻發燒了，可能是在洛杉磯感染到與美加所感染的同型的流行性感冒吧！因此，我就不必擔心會傳染給她了。可是，在手術前最想玩的日子裡生病了，實在是很難過。美加認爲一個人出去逛街或吃飯實在是太無聊了，所以兩個人待在房間內，晚上兩個人很早就上床了（睡在不同的床上），所談的只是感冒這幾天所發生的事情。

**七月二十七日（星期一）**

到GRO進行血液，尿液檢查。檢查項目包括全血液計算、尿液分析、出血停止時間的測定、血小板測定、凝血酶原（一種糖蛋白）等。結果將會在手術日之前送到醫院。

**七月二十八日（星期二）**

「我不知道宇宙在什麼地方，我不知道自己在哪裡……？小學時閱讀科幻小說，某位科學家在研究所的瓦斯巢中建立宇宙。而在這個宇宙中，什麼都有，還包括人類在內——這個研究所只不過是更大的研究所的一部分而已，我們也不過是瓦斯巢中的一人而已。當科學家停止研究的時候，也許一切會消滅了。

不知道什麼是正確的，不知道何謂對錯，沒什麼基準可言，因時代、國家的不同，會配合必要而改變。

……這是美加今晚所說的話。

**七月二十九曰（星期三）**

到雷翁醫師的辦公室去，在自願書上簽名。「我完全了解手術的內容，關於技術的變更或附加處置，全由醫師判斷，即使失敗也無怨言」，這就是自願書的內容。接著就是支付手術費用。日期即將接近了，美加非常的害怕。

傑希卡後來到我投宿的汽車旅館的房間。很高興見到她！她以一位過來人的經驗，不斷地鼓勵因爲明天要住院而緊張萬分的美加。坐了半個小時，喝個茶就回去了。謝謝她！

＊手術費用內容

格雷姆醫師（胃腸外科醫師）——2400美元

雷翁醫師（整形外科醫師）——2500美元

馬休醫師（雖然這一次沒有見到他，但卻為虎井摘除子宮卵巢。為女性性器的專家）——2000美元

麻醉師——1350美元

＊住院（預定住宿7天）事前付費——15000美元

住宿7天以上的話，要追加費用的支付。不到7天的話，出院時也不歸還費用。後來聽說這個價格對於 GRO 的患者而言，已經打了很大的折扣。

## 七月三十日（星期四）

今天美加只能夠攝取透明的液體，從深夜開始禁食。此外，早上九點開始，服用瀉藥，一定要徹底地清除腸的內容物。

終於在下午一點到達醫院，是一間大型綜合醫院，即使是TS手術，也沒什麼特別，此地收容了罹患各種疾病的數千名患者，其中一部分患者需要留在該設施接受治療，一個月約有兩例。

我們被帶到一間非常完善的病房裡，大約是十個榻榻米大的個人房。每一間都有從天花板到地面的一扇大窗，可以看到建設中的小兒病房、許多樹和遠處的山。還有藍色廣大的天空。頭、膝、腳的高低位置，只要按一個按鈕就能夠改變。利用枕邊的開關，就能夠控制燈、電視的開關，也可以叫喚護士。

另外，也有廁所、淋浴設備、電話，甚至連爽身粉

與盥洗用具也一應俱全。設備比旅館的房間更好呢！

還沒有平靜下來時，檢查人員陸續到來。測量血壓、體溫、脈搏、身高、體重、問診及測量腳的長度與粗細，同時也抽取少量的血液。

後來進行灌腸，徹底清除腸中的物質。如果腸內有殘留物，會成爲感染症的原因。

傑希卡又來了！眞令人感到高興。她知道美加住院的消息，她說等出院之後，還會到旅館去看我們，然後就離去了。眞是謝謝她。

從晚上十點開始注射點滴（〇・九％氯化鈉）。之前灌腸的時候和此時服用抗生素。

十一點、十二點有人來檢查，量體溫、血壓等。雖然美加很配合，但是她似乎還有點害怕。「如果我死的話，請務必要與我的家人與上司連絡」，她怯弱地說著。

**七月三十一日（星期五）**

凌晨四點：再度注射抗生素及檢查，測量腿的粗細。

五點半：綁繃帶。爲了預防栓塞症（血管凝血或因爲血液循環中進入異物而引起閉鎖的疾病），而綁較緊的繃帶，也因此要測量腿和腳的粗細。其次是注射，還注射三瓶呢！

六點半：進入手術等候室。播放「故鄉」、「椰子」等日本的旋律。爲配合民族國家、各個患者的民族，播放出能使患者心情穩定下來的BGM。來到此處以後，手術應該沒問題，應該想想自己要取什麼樣的女性名字比較好。

七點二十分：進入手術室。努力吧！

——我後來回到房間小睡片刻，淋浴後，在咖啡廳喝了白蘭地，等到即將結束手術的時刻，再到等候室等待。中午十二點半：穿著手術服的雷翁醫師來到等候室，對我說：「一切都很順利」。太棒了！覺得卸下一顆巨石似的。他叫我在病房等待，然後就離去了。

躺在附帶輪子的移動床上，雖有十根管子插在身體各處，好像很疼痛似的，但是還是能夠順利地說話。她說：「醒來的時候，我覺得眼前一片黑暗」、「右手拇指發麻了」。可能是爲了輸血及注射點滴、打止痛嗎啡針的粗針刺入了右拇指線上而覺得發麻吧！

三十分鐘內，護士來回好幾次，測量血壓、體溫、聽腸的聲音，安裝能夠吸引傷口周圍內部積存血液的裝置。除了這個裝置以外，另外還使用很多排液管。在繃帶上，還安裝了能夠使腳放鬆、緊縮的裝置，能夠促進血液循環。

五點半：在床上仰躺，膝彎曲成直角，好像坐在椅子上的姿勢一樣，聽說臀部非常的疼痛。如果身體稍微上拉的話，則更加的疼痛，還是得百般地忍耐。

七點半：定期檢查。量體溫、脈搏、血壓。接下來每隔二個小時反覆進行相關的檢查。

**八月一日（星期五）**

整夜都有護士前來，當然白天也不例外。右手拇指依然發麻。

上午八點：拿掉鼻管。最初呼吸有點困難。

十點：格雷姆醫師前來，拿掉血液吸引裝置。說明一切都很順利。

十點半：雷翁醫師前來，拿掉一部分的繃帶，越來越舒服了。

十一點：有人來擦拭身體。

後來，站起來打算進行最初的步行練習，結果引起貧血，仰躺倒下，一場慌亂，趕快叫人前來，結果五個人合力將她抬上床。

下午一點：還想站起來，先坐在床上，可是感覺噁心，於是又躺了下來。注射之後，睡得很好。

九點：自己想站起來看看，但是卻頭昏眼花，無法步行。不過，能夠擁有這種想法，眞是太好了。

十一點半：發燒三十八度，給她好像小的測定肺活量的儀器似的，亦即是一種吸入氣息的器具。這種東西怎麼能夠退燒呢？

格雷姆醫師看到裝置管拔除之後裂開了一道小的傷口，擔心會留下疤痕。也許會自然地消失，但仍然希望不要留下任何的傷口。「我以前不曾生過大病，從來沒有像這樣躺下來過，眞是非常的痛苦，早知道如此痛苦，也許我就不動手術了。如果知道這麼的痛苦，我就不來了，眞是太痛苦了。」美加這麼說。她又發高燒了……

**八月二日（星期日）**

上午九點四十分：她已經恢復到能說「看完電視以後再吃東西好了」的狀態，眞是太好了。還是輕度的發燒。

十點：請人爲她擦拭身體，終於能夠站起來走幾步了。

中午十二點半：梳頭髮，開始處理身邊的事情，證明她已經恢復了元氣。拇指不再發麻了。

五點：再度向步行挑戰，而且開始說「肚子餓」，眞是太好了。「如果能夠走到餐廳的話，那就更好了」，雖然想要這麼做，結果卻走不到門邊。可能是因爲想到昨天倒下的事情而心中害怕吧！她說這還是自己頭一次經歷倒下的經驗呢！但是能夠步行，已經是不錯了。

八點半：雷翁醫師前來，美加很擔心的拔掉裝置後的傷口，醫師對她施行局部麻醉，好像變魔術似的，很快就縫合了。看到他的高明技巧，我著實訝異不已。排液管全都拔掉了。

十點：說肚子餓。

**八月三日（星期一）**

凌晨零時五分：排氣了，是吉兆！嗯，太好了！

九點：格雷姆醫師前來，表示一切都很順利，今天可以喝點東西了。

九點半：趕緊吃東西，食量不小，包括橘子汁、果凍、湯、茶，全都是液體物，

| 術式 | 優點 | 缺點 |
|---|---|---|
| **直腸乙狀結腸陰道形成術** | ○更自然<br>○手術後不會出現陰道壁縮小的現象<br>○輸血時沒有傷口<br>○不需要動二次手術<br>○在床上固定靜養的期間縮短<br>○具有自己的濕潤性<br>○有感覺<br>○能夠發揮陰道的機能 | ○住院7～9日<br>○下腹部的傷痕<br>○會引起的併發症<br>○吻合部漏洞（腹膜炎）<br>○移植的陰莖皮膚血管壞死<br>○結腸皮膚吻合部的線縮窄——十五％<br>○腸閉塞的危險性 |
| **陰莖翻轉或皮膚移植陰道形成術** | ○手術的規模較小<br>○不會出現下腹陷凹的情形 | ○會留下輸血時的傷痕<br>○有縮小的現象<br>○必須七天內固定在床上<br>○有惡臭<br>○沒有濕潤性<br>○具有尺寸大小的問題<br>○經過一段時間以後會狹窄——二〇～三〇％<br>○直腸接面部出現瘻孔——四例 |

不必擔心量的問題，我也分享到了果汁等食物。

十點：走到走廊去，太棒了。

下午七點五十五分：傑希卡打電話到病房，表示開懷之意，眞是謝謝她。的確，她對美加的幫助很多。她是MTF的前輩嘛！

八點十五分：雷翁醫師前來，拔掉插入陰道內的陰莖擴張器（第3章提及的壓搾空氣型陰道擴張器）。放入之前很細，插入之後，操作垂掛在外面的空氣瓣就能夠變粗。

整體而言，復原順利，希望明後天就能夠出院。

九點半：今天做最後的散步，往返走廊兩趟，兩個人都覺得心情愉快。

十點半：排便。稍微排出如奶油、巧克力般的東西。一旦產生便意，要花較長的時間才能排便。

**八月四日（星期二）**

凌晨三點：又排便。從坐下來排便到實際排出便來，花了將近一小時的時間，無法完全排出。一難離去又來一難。

在完成這份大工作之後，兩個人都精疲力竭而想要睡覺，已經到了四點了。啊……。

九點：擦拭身體，練習步行，再嘗試走遠一點。

下午七點五十分：傑希卡來電，雷翁醫師也來了。插入昨天拔除的陰莖擴張器。醫師說，一天兩次，每一次要插入十分鐘。最初時不堪其苦。

十點：拔掉尿管和點滴管，全都拔掉了，萬歲！

明天出院，是最短的記錄。雖然非常辛苦，卻是可喜可賀。

從今晚開始，要坐在馬桶上排尿，最初採用女性型排尿方式。

美加說：「感覺以前放性器的周邊好像還殘留一些東西，不會覺得什麼都沒有了，還有感覺呢！」

十點半：初次排尿成功！沒有彎曲，也沒有擴散，太好了！

**八月五日（星期三）**

上午七點半：格雷姆醫師回診。回答我們的問題。

•不用擔心腸阻塞的問題

•能夠按照普通的方式進食

•想散步就去散步

隨時都是一個充滿自信的人。

八點：吃煮蛋、燕麥粥等軟的食物。

下午一點半：出院。

眞的是得到許多的照顧，非常的感謝（礙於紙面的關係，無法說明，不過，該醫院擁有充實的義工活動。雖然知道是TS患者，但是工作人員十分的溫和、親切，令我們非常的感動——一九九六年註）。

回到汽車旅館的房間，好像回到懷念的家一樣。服務員借枕頭給美加讓她用（脖下要墊枕頭，抬高腳），我去附近的超市購物……。

……回來時，看到美加發冷、發汗、裹在被子內。可能吃了一些食物，所以慢慢恢復元氣，服用止痛藥之後，情況穩定下來。以後沒有護士陪伴在旁，我要多努力才行。

**八月六日（星期四）**

兩個人外出散步。因爲是第一次，所以往返十分鐘左右。外面還是非常的美麗……。

糞便稍微變硬了，腸的狀況良好。雖然很早就可以淋浴，但是不能夠泡澡。

**八月七日（星期五）**

插入擴張器非常的吃力。一天兩次，看她邊哭邊進行，眞的是於心不忍。雖然擴張器大，但是很軟，所以不易插入。

本想前往雷翁醫師那兒，但是美加披頭散髮地躺在那兒，衣冠不整，顯得十分的慵懶。

經由簡單的檢查，得知結果良好。下次的檢查是在十日。

但是——出院之後，美加經常用手鏡觀察陰部，今天感嘆地說：「和普通的陰部不同。」覺得結果不像醫師、護士說的那麼美好。她悲觀地認爲：「大概要到日本去整形了」。

連日來非常的辛苦，手術前，比他人更強壯，現在卻必須被綁在床上，因此感到非常的焦躁。再加上覺得手術的結果不良，必須考慮到將來修復的問題，因此，她今天終於忍不住掩面而泣。

「十年的辛苦……覺得好容易鬆了一口氣……已經沒有力氣再動手術了……」

——我了解妳的痛苦。

**八月八日（星期六）**

終於下定決心要在日本動修復手術（我覺得沒有必要……）。美加終於產生元氣，開始抱怨端上面前的食物。不過，我想這總比哭泣要好些吧！

不論如何，對於性器周邊以及陰道內的感覺，還是相當的滿意。總之，凡事要看好的一面。關於擴張器的插入，用手指確認位置以後再插入，就會比較輕鬆了。眞是太好了。

事實上，美加的陰部，其外觀越來越好看了，整體而言，有了隆起的弧度，沒有大小陰唇的區別，充滿皺褶，皮的中心有裂縫，陰蒂和尿道口與陰道縱向排列。等到消腫、拆線之後，皮放鬆，會朝內側凹陷，形成好像只有一道裂縫一樣……。

但是，左側的陰唇確實比右側更短。

**八月九日（星期日）**

傑希卡又來電了。明天是動修復手術的日子。她說自己也要去雷翁醫師的辦公室，因此打算用車載我們去。謝謝她。

**八月十日（星期一）**

今天是出院後第二次檢查，傑希卡的朋友接送我們，眞是非常的感謝（傑希卡與我們一起去，但是後來她進入手術等候室）。

雷翁醫師趁著動完上午的手術，等著進行傑希卡的手術之前來到我們這裡。他穿著手術服，帶著從越南來的女實習醫師。

聽到美加提出的問題，他說：「如果妳眞的很在意陰唇的長度，好吧！那我再重新修復一下。不過，不論要進行哪些事情，都必須等消腫之後，看實際的情形如何再做決定。妳要耐心地觀察。」復原順利，米希爾將陰唇縫合部的一部分拆線。

——半夜經常凝視陰部的美加，「大家都說，沒有了陰莖之後，會感覺到有點寂寞……可是，我就沒有這種感覺——。我還是很高興。」她平靜地說。

**八月十一日（星期二）**

即使陰蒂引起大量出血，但是美加的態度卻異常的平靜。「可能數週內都有出血的現象」，因爲雷翁醫師曾經這麼說，所以她心理有數。

**八月十二日（星期三）**

到格雷姆醫師的辦公室，拆除下腹傷口的線。十多公分的傷口，拆線之後，疤痕變得不明顯，令我驚訝。

平靜的下午，傑希卡來電，她的修復手術非常的順利，眞是恭喜她。

希望大家平安順利。

**八月十三日（星期四）**

早上一看，感到很驚訝，雖然還殘留一些皺褶，不過，腫脹已經完全消退，形成一條裂縫。美加想，如果再這樣下去，應該是不必動修復手術了。

傍晚時，美加說陰蒂往下垂，經由觀察，發現的確如此。想到在腫脹時竟然擔心這麼多的問題，眞是庸人自擾。但是，美加卻說：「再這樣下去，恐怕要動改變陰蒂位置的手術了……。」天啊！我早上的感動，到底是算什麼呢……。

原來，美加所注重的，不是感度，而是形狀的美，眞是一個完美主義者。MTF都是如此嗎？我認為就算是形狀有點奇怪，但是能夠感受到更為強烈的自己，不是更加重要嗎？

也許，像她這種具有各種優秀能力的人，才會如此地要求完美吧！不論男女都是一樣的。

## 八月十四日（星期五）

數日前，陰蒂周圍出現強烈的惡臭，美加開始擔心是否會腐爛，我並沒有聞到，但是她卻說有一點腥臭味。可能是因爲持續出血的緣故吧！總之，她的煩惱不斷，眞是可憐啊！直腸乙狀結腸陰道形成術，眞的是很麻煩……。

將近二點時，離開雷翁辦公室來到我們這兒的傑希卡，並沒有提到治療的事情。我們邊吃她帶來的點心，邊談市內的同性戀者。

眞是謝謝她的來訪。傑希卡，希望妳再來。

今天住在紐約的FTM的朋友，寄給我風景名信片，眞是感謝。在美國有更多的TS的朋友，眞是太好了。因爲是在異國得到同志的友情，覺得格外的欣喜。

## 八月十五日（星期六）

想到陰蒂的問題，TS附帶手術，將來的事情，各種問題的美加，哭了將近四個小時。我想，她今天既然想哭，就讓她哭個痛快好了，所以不管她。結果，她的哭聲越來越大，我擔心會吵到附近的鄰居，而想辦法安撫她。從下午兩點哭到六點。

最後，我坐到她的床邊，和她聊天，總算使她平靜了下來。

MTFTS的人去勢之後，聽說會暫時出現幼兒期的退化現象，不會考慮到時間的問題，而會放聲大哭。一旦房間黑暗時，就會引起大騷動。今晚的美加，正是這種情形。

**八月十六日（星期日）**

美加起得很晚，她開始做菜。可是自己也不希望情緒起伏不定吧！希望能夠早點達到平安的場地。可是，我卻不能夠爲她做些什麼，眞是不好意思……。

今天兩個人下棋，結果美加獲勝。「我在日本連著兩個小時看棋賽，我學會啦！」希望這種聰明的頭腦，在手術後，不會因爲荷爾蒙平衡失調而蒙上陰影。

**八月十七日（星期一）**

用厚紙作棋，想用剪刀剪斷厚紙並不容易，可是，美加卻一直要把棋子的形狀剪得像眞正的棋一樣，我想，這就是她的個性吧！

**八月十八日（星期四）**

——今天去雷翁醫師的辦公室……我們非常的擔心。

陰蒂發臭的問題，是因爲覆蓋恢復中之陰蒂的膜組織老舊所造成的，今天加以去除的話，就不會發臭了。關於位置方面，雷翁堅持地說，這是解剖學上的正確位置，因此不肯重新修正。MTFTS的陰蒂和尿道口，原先似乎是由同一部位的組織製造出來的。如果切掉在尿道口上方的陰蒂，改變位置的話，就會失去正常的感覺吧……。

總之，腫脹尚未完全消除，線也沒有完全拆除，——我又能夠說些什麼呢？

**八月十九日（星期三）**

傑希卡又來了，眞是有勞她了。不論在哪兒，同志之間仍有深切的聯繫。今天她帶我們到附近餐廳吃美味大餐，而且又說明天午餐還要請我們到另一家餐廳用餐呢！眞是謝謝她。

美加昨晚沒有哭，因爲她已經下定決心先回國，待形狀穩定之後再考慮其他的事情。

**八月二十日（星期四）**

傑希卡依約前來，今天前往的餐廳比昨天的更棒，還有小瀑布，種植著花草、連蜜蜂都來吸吮花蜜的戶外餐廳，在這兒用餐眞是太棒了。

在歸途中，看著『自由索取』式擺在路邊的報紙，徵友上欄寫著「尋求五十五歲以上MTFTS女王」，還有「尋求雄壯的黑人男性，我是黑人女性愛滋病感染者」。這種廣告未免太過分了，實在無趣。

今天眞的很謝謝傑希卡。

**八月二十一日（星期五）**

兩人今天去逛聖荷西的街道。

可能是因爲加了很多的建築物，在中途好像迷了路，不過，最後總算找到回家的路了。今天比昨天更累，美加沒問題吧……。

**八月二十二日（星期六）**

一大早接到傑希卡的電話：「要去舊金山見MTF和FTM，妳們要不要也一起去呢？」

美加原本要去，但突然覺得疲累，所以只有我一個人去。路上塞車，結果遲到了，有兩個人在等我，那就是傑希卡的親友克里絲和她的朋友FTM亞爾文。三個人是在TS支援團體的集會上認識的。

大家在一起，不像第一次見面似的，一開始，什麼都坦白告知。一位非常親切的女服務生在餐廳裡忙得團團轉。我們在外面的露天餐廳用餐。談論很多的話題。

克里絲比傑希卡更高，眼神和聲音都很溫柔，可能是因爲從事OL工作，所以看起來與一般的女性沒什麼兩樣。她從未動手術。

亞爾文是西班牙人和愛斯基摩人的混血兒，看起來像東方人，身高一百六十五公分，是寵物店的店員，擁有開朗的笑聲，她並未動任何的手術。

兩個人都只是使用荷爾蒙，但是看起來好像使用過量。

和美國的TS談話時，會發現他們把TS治療視爲是實際生活中的一種行爲。完全沒有像我這種「開始進行TS治療之前生活了無趣味」的想法。實在令我羨慕。而且關於手術方面，她們看起來並不急於動手術。眞是一次好的會餐。她們希望下一次美加也能參加。

……聽說在美國因州的不同，有些州在TS後和TS之前可以在同樣的工作場所擔任同樣的職務。如果因爲TS的理由而受到差別待遇或被解雇的話，可以尋求法律訴訟，眞是令人羨慕。事實上在很多的公司，其重要的幹部都是MTFTS。一般而言，在此地MTFTS比普通的女性具有更高的社會與經濟地位。因爲公司會重視個人原先就擁有的經歷。

**八月二十三日（星期日）**

兩個人走在卡斯特洛街上，這是著名的男同性戀街，一眼就可以看穿的同性戀者在耀眼的陽光下昂首闊步。

從明天開始，我要暫時住在卡麥爾。

**八月二十四日（星期一）**

卡麥爾多雲，特別的寒冷，但是比我所想的更整潔。

這是藝術家的城市。在加州，這裡很少見到亞洲後裔，幾乎看不到黑人，感覺好像是「白人的地盤」。

**八月二十五日(星期二)**

事實上，美加從二、三天前開始，就因爲便秘而苦惱，今天情況更爲嚴重。打電話給格雷姆醫師，但是他正在休假中，助手布朗醫師正在動手術，不能夠接電話，待在家中覺得很痛苦，因此前往蒙特樓。

到達蒙特樓水族館之後，又到海邊去觀賞海豹群。

五點半時，布朗先生終於方便接電話了。他說：「服用牛乳狀的氧化鎂。」今晚就寢前就要服用。

暫時不理會外觀上的不安(不得不停止)，又出現別的難題，眞是糟糕……。

**八月二十六日(星期三)**

——氧化鎂也無法奏效，覺得很痛苦的美加，根本吃不下早餐。我們兩個人今天去雷翁醫師的辦公室。

原先就和傑希卡約好要共進午餐，因此將等待見面的場所改在醫師的辦公室，眞是謝謝她。

傑希卡在手術後也因爲便秘而痛苦，早晚都服用氧化鎂，將近一個月不曾中斷。

在辦公室先拆線。通常要花一個多月的時間才能夠消腫。不過，醫師表示，這次手術非常的成功。

後來，採用的便秘對策是礦物油以及甘油塞劑，還有洗淨陰道用的溶液。向傑希卡道別。在歸國之前，還能夠見面幾次呢？謝謝她今天的幫忙。如果到明天爲止排便依然不順的話，就必須去看布朗醫師了。先回到卡麥爾嘗試藥物吧！

**八月二十七日（星期四）**

昨晚終於排便了，因此不需要前往布朗醫師的辦公室了，眞是太好了。

到世界上最美麗的教會，也就是著名的卡梅爾教會。一點也不豪華，有一種樸實的氣息，和史丹佛大學的校舍十分的類似。

**八月二十八日（星期五）**

從卡梅爾搭乘一號線南下。但是不可能一口氣就坐車前往洛杉磯，因爲美加尙未恢復元氣。途中在小鎭卡賓提里亞住一個晚上。

**八月二十九日（星期六）**

前往洛杉磯。

兩個人沒有太大的體力觀光，先找個落腳地休息五個小時，再到處走走看看……。

**八月三十日（星期日）**

睡到十一點半，然後前往UNIVERCAL．STUDIO。

世界上的人齊聚一堂看同樣的表演，在同樣的部分會拍手叫好，眞是讓人心曠神怡。

**八月三十一日（星期一）**

變性手術經過一個月。當然，外觀上看起來腫脹並未完全消失。腸的情況。因爲服藥以避免便秘，所以目前還會出現少量下痢便的現象。聽說在半年內排便狀況都不會太好，可是，比我所想的更嚴重……。

爲了研究女性外部性器，因此兩人在書店買了兩本『SPECIAL．PACK』。男女

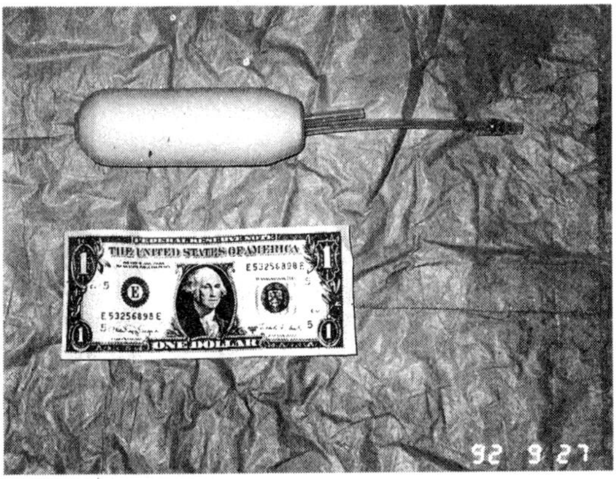


**壓榨空氣型陰道擴張器**

倆人躲在房間內看這種東西，眞的是有些奇怪。

明天是移動日。

**九月一日（星期二）**

離開住宿處，花七小時的時間，再投宿於十天前接受照顧的汽車旅館。

**九月二日（星期三）**

上午九點前到達雷翁醫師的辦公室。

醫師說：「太棒了，雖然還有點腫，不過，想修復的話，現在就可以修復了。可是我認爲最好還是等半年以後再決定。」

美加願意等待。

我因爲工作的關係，必須要回去了，而美加在一週後必須再度接受檢查。

在病房窗邊美加的倩影

GRO的各位，再見了。謝謝你們！

**九月三日（星期四）**

因爲開車超速而被巡邏警官追上，還好平安無事，投宿在海邊飯店。

**九月四日（星期五）**

準備到機場搭機回國。

美加決定一週後回國，因此當兩人分手時，她覺得很孤單，甚至掩面而泣。對於任何事情都處之淡然的我，也潸然淚下。

在這一瞬間，我覺得原本應該是女性的人，反而更堅強……。

腫脹尚未完全消退，看起來外觀不是很令人滿意。不過，至少比陰莖翻轉手術更好一些。美加希望修復，但是我眞懷疑是否眞的有這個必要。

尤其感度方面，美加自己也覺得很驚訝，因爲非常的好。現在她也認爲在此地動手術非常的値得，太好了！能夠來到此地，眞的是太好了。

這一次的經驗讓我了解到，對於ＴＳ外科手術，不要抱持過大的幻想，必須要抱持某種程度的放棄之心，否則可能無法接受結果。必須要將動過ＴＳ手術後的人生，當成是決定是否要動ＴＳ的關鍵。這一點最重要，手術不代表一切。

努力吧！美加。希望妳成爲好的學者。虎井也要多努力。希望能夠提升ＴＳ的水準。

# 後記

很感謝各位耐心地讀完這麼冗長的文章。將FTMTS公開的書籍，在我國，這應該算是第一本書。雖然有很多擔心的事情，但是，坐而言，不如起而行，於是趕緊書寫。

看過本書的你，也許會認為：「你真的不錯……」，可是，雖然要讓一般人了解TS是不錯的想法，「不過，敘述是否會太過於歪曲事實了呢？」然而，我是注重真實的傢伙，直到現在仍是如此。需要進行TS的人，通常在社會生活上會遇到一些困難。同時，動過TS手術之後，比之前能過著更幸福的人生。

也許你會認為：「為什麼要如此在意性別的問題呢？管它是男是女，何必要區分這麼清楚？」TS的回答是：「我也不知道啊！雖然不知道，不過，我討厭天生的性器。」

事實上，我是屬於「只懂得簡單的事」的人，因此在書中不會使用一些比較難懂的字眼。我是比較大而化之的人，因此我擔心在本書中，是否現在所寫的部分與以前所寫的部分在邏輯上有不連貫之處，為此而心有不安。

頭腦不聰明，當然就需要借助經驗。因此，在本書中所敘述的，全都是我自己的實際經驗，我只是將當時的感受原原本本地表達出來而已。

即使像我這種沒有深切思想的人，也並未被其他的同志放棄，真是非常的感謝。

的確，我經常在想，應該要怎麼做，才能夠使ＴＳ在現實的世界中過著更舒適、快樂的生活。「或許是來自智慧的不足吧！比狹義的ＴＧ更為嚴重」。我持續這麼說，事實上，也的確是如此，也許會使得世間的ＴＳ——基於必要而動過ＴＳ手術的人更容易活下去吧！希望ＴＳ們的實際生活更好。——也許你會認為我好像樂於助人，實際上，我也是為了自己著想。我的確非常的熱心。

我並不說一些偉大的事情，個人目前也沒有打算要從事大型的活動。在以往的專訪中，會訴說自己所想到的事情，或與其他性別的少數者一起活動，有時也會發表一些文章。

有很多人會說：「不光是為了性別的少數者這麼做，從事這些運動的時候，要遮著臉，還是覺得很痛苦吧！」這是為了要保護我的雙親的隱私，絕對不是因為我自己懦弱。

下定決心，即使只是盡棉薄之力，也要持續參與支援活動。但是為了生活，還是必須回到工廠工作。真怕到時候被人識破是TS，那可就糟糕了……。

也許TS運動無法向下紮根，也許廣義的TG活動能夠展現活力。TS是指動變性手術。動過手術之後，希望能夠順利地融入社區中。TS只想成為普通的男女而已，請大家尊重這種想法。

擁有作戰意志的同志，在你能力所及的範圍內，請多加盡力。即使是在水面下而不需要露臉也無妨。為了使ＴＳ能夠依他們自己的形態生活在世間，哪怕是一點小事，也可以寫信給醫療或司法相關機構，收集一些理解者的簽署。希望手術上的合法化以及文件上的ＴＳ受到保證，屆時，就可以「終於告一段落了。有事的話，叫我一聲」，各自回到自己居住的地方去。

那麼，相信日後的ＴＳ們能夠更容易地生存。

不是ＴＳ的人，而願意幫助的有心人士，我們也非常的感謝。

對於牽著徬徨的我的手而指引我正確道路與方向的伏見憲明，以及敞開大門迎接我的青弓社的矢野惠二衷心表示感謝之意。如果沒有他們二人，我到今日仍然徬徨無助。

想要道謝的人真的是太多了。人生就是與他人的邂逅而成立的。對於支持我及「ＦＴＭ日本」的人，致上十二萬分的謝意。

對於已經進行ＴＳ手術的「兒子」，仍然傾注不變的愛並支持我每天生活的母親，或是即使沒有見到我也毫無怨言，每天都會寄明信片的Y君，深表感謝之意，希望大家都幸福快樂。

希望閱讀本書的各位，能夠和動過TS手術的我一樣，以幸福的心情過著每一天。

非常感謝各位。

虎井正衛

**作者簡介：虎井正衛**

一九六三年出生於東京。

畢業於法政大學文學部。

著書包括『開光』。

主持「FTM日本」。

# 大展出版社有限公司 圖書目錄

地址：台北市北投區(石牌)
致遠一路二段12巷1號
郵撥：0166955～1

電話：(02)28236031
28236033
傳真：(02)28272069


## ・法律專欄連載・電腦編號58

台大法學院　法律學系／策劃
法律服務社／編著

1. 別讓您的權利睡著了 1　200元
2. 別讓您的權利睡著了 2　200元

## ・秘傳占卜系列・電腦編號14

1. 手相術　淺野八郎著　150元
2. 人相術　淺野八郎著　150元
3. 西洋占星術　淺野八郎著　150元
4. 中國神奇占卜　淺野八郎著　150元
5. 夢判斷　淺野八郎著　150元
6. 前世、來世占卜　淺野八郎著　150元
7. 法國式血型學　淺野八郎著　150元
8. 靈感、符咒學　淺野八郎著　150元
9. 紙牌占卜學　淺野八郎著　150元
10. ESP超能力占卜　淺野八郎著　150元
11. 猶太數的秘術　淺野八郎著　150元
12. 新心理測驗　淺野八郎著　160元
13. 塔羅牌預言秘法　淺野八郎著　200元

## ・趣味心理講座・電腦編號15

1. 性格測驗① 探索男與女　淺野八郎著　140元
2. 性格測驗② 透視人心奧秘　淺野八郎著　140元
3. 性格測驗③ 發現陌生的自己　淺野八郎著　140元
4. 性格測驗④ 發現你的真面目　淺野八郎著　140元
5. 性格測驗⑤ 讓你們吃驚　淺野八郎著　140元
6. 性格測驗⑥ 洞穿心理盲點　淺野八郎著　140元
7. 性格測驗⑦ 探索對方心理　淺野八郎著　140元
8. 性格測驗⑧ 由吃認識自己　淺野八郎著　160元
9. 性格測驗⑨ 戀愛知多少　淺野八郎著　160元
10. 性格測驗⑩ 由裝扮瞭解人心　淺野八郎著　160元

| | | | |
|---|---|---|---|
| 11. | 性格測驗⑪ 敲開內心玄機 | 淺野八郎著 | 140 元 |
| 12. | 性格測驗⑫ 透視你的未來 | 淺野八郎著 | 160 元 |
| 13. | 血型與你的一生 | 淺野八郎著 | 160 元 |
| 14. | 趣味推理遊戲 | 淺野八郎著 | 160 元 |
| 15. | 行為語言解析 | 淺野八郎著 | 160 元 |

## ・婦幼天地・電腦編號 16

| | | | |
|---|---|---|---|
| 1. | 八萬人減肥成果 | 黃靜香譯 | 180 元 |
| 2. | 三分鐘減肥體操 | 楊鴻儒譯 | 150 元 |
| 3. | 窈窕淑女美髮秘訣 | 柯素娥譯 | 130 元 |
| 4. | 使妳更迷人 | 成 玉譯 | 130 元 |
| 5. | 女性的更年期 | 官舒妍編譯 | 160 元 |
| 6. | 胎內育兒法 | 李玉瓊編譯 | 150 元 |
| 7. | 早產兒袋鼠式護理 | 唐岱蘭譯 | 200 元 |
| 8. | 初次懷孕與生產 | 婦幼天地編譯組 | 180 元 |
| 9. | 初次育兒 12 個月 | 婦幼天地編譯組 | 180 元 |
| 10. | 斷乳食與幼兒食 | 婦幼天地編譯組 | 180 元 |
| 11. | 培養幼兒能力與性向 | 婦幼天地編譯組 | 180 元 |
| 12. | 培養幼兒創造力的玩具與遊戲 | 婦幼天地編譯組 | 180 元 |
| 13. | 幼兒的症狀與疾病 | 婦幼天地編譯組 | 180 元 |
| 14. | 腿部苗條健美法 | 婦幼天地編譯組 | 180 元 |
| 15. | 女性腰痛別忽視 | 婦幼天地編譯組 | 150 元 |
| 16. | 舒展身心體操術 | 李玉瓊編譯 | 130 元 |
| 17. | 三分鐘臉部體操 | 趙薇妮著 | 160 元 |
| 18. | 生動的笑容表情術 | 趙薇妮著 | 160 元 |
| 19. | 心曠神怡減肥法 | 川津祐介著 | 130 元 |
| 20. | 內衣使妳更美麗 | 陳玄茹譯 | 130 元 |
| 21, | 瑜伽美姿美容 | 黃靜香編著 | 180 元 |
| 22. | 高雅女性裝扮學 | 陳珮玲譯 | 180 元 |
| 23. | 蠶糞肌膚美顏法 | 坂梨秀子著 | 160 元 |
| 24. | 認識妳的身體 | 李玉瓊譯 | 160 元 |
| 25. | 產後恢復苗條體態 | 居理安・芙萊喬著 | 200 元 |
| 26. | 正確護髮美容法 | 山崎伊久江著 | 180 元 |
| 27. | 安琪拉美姿養生學 | 安琪拉蘭斯博瑞著 | 180 元 |
| 28. | 女體性醫學剖析 | 增田豐著 | 220 元 |
| 29. | 懷孕與生產剖析 | 岡部綾子著 | 180 元 |
| 30. | 斷奶後的健康育兒 | 東城百合子著 | 220 元 |
| 31. | 引出孩子幹勁的責罵藝術 | 多湖輝著 | 170 元 |
| 32. | 培養孩子獨立的藝術 | 多湖輝著 | 170 元 |
| 33. | 子宮肌瘤與卵巢囊腫 | 陳秀琳編著 | 180 元 |
| 34. | 下半身減肥法 | 納他夏・史達賓著 | 180 元 |
| 35. | 女性自然美容法 | 吳雅菁編著 | 180 元 |
| 36. | 再也不發胖 | 池園悅太郎著 | 170 元 |

| | | |
|---|---|---|
| 37. 生男生女控制術 | 中垣勝裕著 | 220 元 |
| 38. 使妳的肌膚更亮麗 | 楊　皓編著 | 170 元 |
| 39. 臉部輪廓變美 | 芝崎義夫著 | 180 元 |
| 40. 斑點、皺紋自己治療 | 高須克彌著 | 180 元 |
| 41. 面皰自己治療 | 伊藤雄康著 | 180 元 |
| 42. 隨心所欲瘦身冥想法 | 原久子著 | 180 元 |
| 43. 胎兒革命 | 鈴木丈織著 | 180 元 |
| 44. NS 磁氣平衡法塑造窈窕奇蹟 | 古屋和江著 | 180 元 |
| 45. 享瘦從腳開始 | 山田陽子著 | 180 元 |
| 46. 小改變瘦 4 公斤 | 宮本裕子著 | 180 元 |
| 47. 軟管減肥瘦身 | 高橋輝男著 | 180 元 |
| 48. 海藻精神秘美容法 | 劉名揚編著 | 180 元 |
| 49. 肌膚保養與脫毛 | 鈴木真理著 | 180 元 |
| 50. 10 天減肥 3 公斤 | 彤雲編輯組 | 180 元 |

## ・青春天地・電腦編號 17

| | | |
|---|---|---|
| 1. A 血型與星座 | 柯素娥編譯 | 160 元 |
| 2. B 血型與星座 | 柯素娥編譯 | 160 元 |
| 3. O 血型與星座 | 柯素娥編譯 | 160 元 |
| 4. AB 血型與星座 | 柯素娥編譯 | 120 元 |
| 5. 青春期性教室 | 呂貴嵐編譯 | 130 元 |
| 6. 事半功倍讀書法 | 王毅希編譯 | 150 元 |
| 7. 難解數學破題 | 宋釗宜編譯 | 130 元 |
| 8. 速算解題技巧 | 宋釗宜編譯 | 130 元 |
| 9. 小論文寫作秘訣 | 林顯茂編譯 | 120 元 |
| 11. 中學生野外遊戲 | 熊谷康編著 | 120 元 |
| 12. 恐怖極短篇 | 柯素娥編譯 | 130 元 |
| 13. 恐怖夜話 | 小毛驢編譯 | 130 元 |
| 14. 恐怖幽默短篇 | 小毛驢編譯 | 120 元 |
| 15. 黑色幽默短篇 | 小毛驢編譯 | 120 元 |
| 16. 靈異怪談 | 小毛驢編譯 | 130 元 |
| 17. 錯覺遊戲 | 小毛驢編著 | 130 元 |
| 18. 整人遊戲 | 小毛驢編著 | 150 元 |
| 19. 有趣的超常識 | 柯素娥編譯 | 130 元 |
| 20. 哦！原來如此 | 林慶旺編譯 | 130 元 |
| 21. 趣味競賽 100 種 | 劉名揚編譯 | 120 元 |
| 22. 數學謎題入門 | 宋釗宜編譯 | 150 元 |
| 23. 數學謎題解析 | 宋釗宜編譯 | 150 元 |
| 24. 透視男女心理 | 林慶旺編譯 | 120 元 |
| 25. 少女情懷的自白 | 李桂蘭編譯 | 120 元 |
| 26. 由兄弟姊妹看命運 | 李玉瓊編譯 | 130 元 |
| 27. 趣味的科學魔術 | 林慶旺編譯 | 150 元 |

| | | |
|---|---|---|
| 28. 趣味的心理實驗室 | 李燕玲編譯 | 150元 |
| 29. 愛與性心理測驗 | 小毛驢編譯 | 130元 |
| 30. 刑案推理解謎 | 小毛驢編譯 | 130元 |
| 31. 偵探常識推理 | 小毛驢編譯 | 130元 |
| 32. 偵探常識解謎 | 小毛驢編譯 | 130元 |
| 33. 偵探推理遊戲 | 小毛驢編譯 | 130元 |
| 34. 趣味的超魔術 | 廖玉山編著 | 150元 |
| 35. 趣味的珍奇發明 | 柯素娥編著 | 150元 |
| 36. 登山用具與技巧 | 陳瑞菊編著 | 150元 |

## ・健康天地・電腦編號 18

| | | |
|---|---|---|
| 1. 壓力的預防與治療 | 柯素娥編譯 | 130元 |
| 2. 超科學氣的魔力 | 柯素娥編譯 | 130元 |
| 3. 尿療法治病的神奇 | 中尾良一著 | 130元 |
| 4. 鐵證如山的尿療法奇蹟 | 廖玉山譯 | 120元 |
| 5. 一日斷食健康法 | 葉慈容編譯 | 150元 |
| 6. 胃部強健法 | 陳炳崑譯 | 120元 |
| 7. 癌症早期檢查法 | 廖松濤譯 | 160元 |
| 8. 老人痴呆症防止法 | 柯素娥編譯 | 130元 |
| 9. 松葉汁健康飲料 | 陳麗芬編譯 | 130元 |
| 10. 揉肚臍健康法 | 永井秋夫著 | 150元 |
| 11. 過勞死、猝死的預防 | 卓秀貞編譯 | 130元 |
| 12. 高血壓治療與飲食 | 藤山順豐著 | 150元 |
| 13. 老人看護指南 | 柯素娥編譯 | 150元 |
| 14. 美容外科淺談 | 楊啟宏著 | 150元 |
| 15. 美容外科新境界 | 楊啟宏著 | 150元 |
| 16. 鹽是天然的醫生 | 西英司郎著 | 140元 |
| 17. 年輕十歲不是夢 | 梁瑞麟譯 | 200元 |
| 18. 茶料理治百病 | 桑野和民著 | 180元 |
| 19. 綠茶治病寶典 | 桑野和民著 | 150元 |
| 20. 杜仲茶養顏減肥法 | 西田博著 | 150元 |
| 21. 蜂膠驚人療效 | 瀨長良三郎著 | 180元 |
| 22. 蜂膠治百病 | 瀨長良三郎著 | 180元 |
| 23. 醫藥與生活(一) | 鄭炳全著 | 180元 |
| 24. 鈣長生寶典 | 落合敏著 | 180元 |
| 25. 大蒜長生寶典 | 木下繁太郎著 | 160元 |
| 26. 居家自我健康檢查 | 石川恭三著 | 160元 |
| 27. 永恆的健康人生 | 李秀鈴譯 | 200元 |
| 28. 大豆卵磷脂長生寶典 | 劉雪卿譯 | 150元 |
| 29. 芳香療法 | 梁艾琳譯 | 160元 |
| 30. 醋長生寶典 | 柯素娥譯 | 180元 |
| 31. 從星座透視健康 | 席拉・吉蒂斯著 | 180元 |
| 32. 愉悅自在保健學 | 野本二士夫著 | 160元 |

| | | |
|---|---|---|
| 33. 裸睡健康法 | 丸山淳士等著 | 160 元 |
| 34. 糖尿病預防與治療 | 藤田順豐著 | 180 元 |
| 35. 維他命長生寶典 | 菅原明子著 | 180 元 |
| 36. 維他命 C 新效果 | 鐘文訓編 | 150 元 |
| 37. 手、腳病理按摩 | 堤芳朗著 | 160 元 |
| 38. AIDS 瞭解與預防 | 彼得塔歇爾著 | 180 元 |
| 39. 甲殼質殼聚糖健康法 | 沈永嘉譯 | 160 元 |
| 40. 神經痛預防與治療 | 木下真男著 | 160 元 |
| 41. 室內身體鍛鍊法 | 陳炳崑編著 | 160 元 |
| 42. 吃出健康藥膳 | 劉大器編著 | 180 元 |
| 43. 自我指壓術 | 蘇燕謀編著 | 160 元 |
| 44. 紅蘿蔔汁斷食療法 | 李玉瓊編著 | 150 元 |
| 45. 洗心術健康秘法 | 竺翠萍編譯 | 170 元 |
| 46. 枇杷葉健康療法 | 柯素娥編譯 | 180 元 |
| 47. 抗衰血癒 | 楊啟宏著 | 180 元 |
| 48. 與癌搏鬥記 | 逸見政孝著 | 180 元 |
| 49. 冬蟲夏草長生寶典 | 高橋義博著 | 170 元 |
| 50. 痔瘡・大腸疾病先端療法 | 宮島伸宜著 | 180 元 |
| 51. 膠布治癒頑固慢性病 | 加瀨建造著 | 180 元 |
| 52. 芝麻神奇健康法 | 小林貞作著 | 170 元 |
| 53. 香煙能防止癡呆？ | 高田明和著 | 180 元 |
| 54. 穀菜食治癌療法 | 佐藤成志著 | 180 元 |
| 55. 貼藥健康法 | 松原英多著 | 180 元 |
| 56. 克服癌症調和道呼吸法 | 帶津良一著 | 180 元 |
| 57. B 型肝炎預防與治療 | 野村喜重郎著 | 180 元 |
| 58. 青春永駐養生導引術 | 早島正雄著 | 180 元 |
| 59. 改變呼吸法創造健康 | 原久子著 | 180 元 |
| 60. 荷爾蒙平衡養生秘訣 | 出村博著 | 180 元 |
| 61. 水美肌健康法 | 井戶勝富著 | 170 元 |
| 62. 認識食物掌握健康 | 廖梅珠編著 | 170 元 |
| 63. 痛風劇痛消除法 | 鈴木吉彥著 | 180 元 |
| 64. 酸莖菌驚人療效 | 上田明彥著 | 180 元 |
| 65. 大豆卵磷脂治現代病 | 神津健一著 | 200 元 |
| 66. 時辰療法—危險時刻凌晨 4 時 | 呂建強等著 | 180 元 |
| 67. 自然治癒力提升法 | 帶津良一著 | 180 元 |
| 68. 巧妙的氣保健法 | 藤平墨子著 | 180 元 |
| 69. 治癒 C 型肝炎 | 熊田博光著 | 180 元 |
| 70. 肝臟病預防與治療 | 劉名揚編著 | 180 元 |
| 71. 腰痛平衡療法 | 荒井政信著 | 180 元 |
| 72. 根治多汗症、狐臭 | 稻葉益巳著 | 220 元 |
| 73. 40 歲以後的骨質疏鬆症 | 沈永嘉譯 | 180 元 |
| 74. 認識中藥 | 松下一成著 | 180 元 |
| 75. 認識氣的科學 | 佐佐木茂美著 | 180 元 |
| 76. 我戰勝了癌症 | 安田伸著 | 180 元 |

77. 斑點是身心的危險信號　中野進著　180 元
78. 艾波拉病毒大震撼　玉川重德著　180 元
79. 重新還我黑髮　桑名隆一郎著　180 元
80. 身體節律與健康　林博史著　180 元
81. 生薑治萬病　石原結實著　180 元
82. 靈芝治百病　陳瑞東著　180 元
83. 木炭驚人的威力　大槻彰著　200 元
84. 認識活性氧　井土貴司著　180 元
85. 深海鮫治百病　廖玉山編著　180 元
86. 神奇的蜂王乳　井上丹治著　180 元
87. 卡拉 OK 健腦法　東潔著　180 元
88. 卡拉 OK 健康法　福田伴男著　180 元
89. 醫藥與生活(二)　鄭炳全著　200 元
90. 洋蔥治百病　宮尾興平著　180 元

## ・實用女性學講座・電腦編號 19

1. 解讀女性內心世界　島田一男著　150 元
2. 塑造成熟的女性　島田一男著　150 元
3. 女性整體裝扮學　黃靜香編著　180 元
4. 女性應對禮儀　黃靜香編著　180 元
5. 女性婚前必修　小野十傳著　200 元
6. 徹底瞭解女人　田口二州著　180 元
7. 拆穿女性謊言 88 招　島田一男著　200 元
8. 解讀女人心　島田一男著　200 元
9. 俘獲女性絕招　志賀貢著　200 元
10. 愛情的壓力解套　中村理英子著　200 元

## ・校園系列・電腦編號 20

1. 讀書集中術　多湖輝著　150 元
2. 應考的訣竅　多湖輝著　150 元
3. 輕鬆讀書贏得聯考　多湖輝著　150 元
4. 讀書記憶秘訣　多湖輝著　150 元
5. 視力恢復！超速讀術　江錦雲譯　180 元
6. 讀書 36 計　黃柏松編著　180 元
7. 驚人的速讀術　鐘文訓編著　170 元
8. 學生課業輔導良方　多湖輝著　180 元
9. 超速讀超記憶法　廖松濤編著　180 元
10. 速算解題技巧　宋釗宜編著　200 元
11. 看圖學英文　陳炳崑編著　200 元
12. 讓孩子最喜歡數學　沈永嘉譯　180 元

## ・實用心理學講座・電腦編號 21

| | | | |
|---|---|---|---|
| 1. | 拆穿欺騙伎倆 | 多湖輝著 | 140 元 |
| 2. | 創造好構想 | 多湖輝著 | 140 元 |
| 3. | 面對面心理術 | 多湖輝著 | 160 元 |
| 4. | 偽裝心理術 | 多湖輝著 | 140 元 |
| 5. | 透視人性弱點 | 多湖輝著 | 140 元 |
| 6. | 自我表現術 | 多湖輝著 | 180 元 |
| 7. | 不可思議的人性心理 | 多湖輝著 | 180 元 |
| 8. | 催眠術入門 | 多湖輝著 | 150 元 |
| 9. | 責罵部屬的藝術 | 多湖輝著 | 150 元 |
| 10. | 精神力 | 多湖輝著 | 150 元 |
| 11. | 厚黑說服術 | 多湖輝著 | 150 元 |
| 12. | 集中力 | 多湖輝著 | 150 元 |
| 13. | 構想力 | 多湖輝著 | 150 元 |
| 14. | 深層心理術 | 多湖輝著 | 160 元 |
| 15. | 深層語言術 | 多湖輝著 | 160 元 |
| 16. | 深層說服術 | 多湖輝著 | 180 元 |
| 17. | 掌握潛在心理 | 多湖輝著 | 160 元 |
| 18. | 洞悉心理陷阱 | 多湖輝著 | 180 元 |
| 19. | 解讀金錢心理 | 多湖輝著 | 180 元 |
| 20. | 拆穿語言圈套 | 多湖輝著 | 180 元 |
| 21. | 語言的內心玄機 | 多湖輝著 | 180 元 |
| 22. | 積極力 | 多湖輝著 | 180 元 |

## ・超現實心理講座・電腦編號 22

| | | | |
|---|---|---|---|
| 1. | 超意識覺醒法 | 詹蔚芬編譯 | 130 元 |
| 2. | 護摩秘法與人生 | 劉名揚編譯 | 130 元 |
| 3. | 秘法！超級仙術入門 | 陸明譯 | 150 元 |
| 4. | 給地球人的訊息 | 柯素娥編著 | 150 元 |
| 5. | 密教的神通力 | 劉名揚編著 | 130 元 |
| 6. | 神秘奇妙的世界 | 平川陽一著 | 180 元 |
| 7. | 地球文明的超革命 | 吳秋嬌譯 | 200 元 |
| 8. | 力量石的秘密 | 吳秋嬌譯 | 180 元 |
| 9. | 超能力的靈異世界 | 馬小莉譯 | 200 元 |
| 10. | 逃離地球毀滅的命運 | 吳秋嬌譯 | 200 元 |
| 11. | 宇宙與地球終結之謎 | 南山宏著 | 200 元 |
| 12. | 驚世奇功揭秘 | 傅起鳳著 | 200 元 |
| 13. | 啟發身心潛力心象訓練法 | 栗田昌裕著 | 180 元 |
| 14. | 仙道術遁甲法 | 高藤聰一郎著 | 220 元 |
| 15. | 神通力的秘密 | 中岡俊哉著 | 180 元 |
| 16. | 仙人成仙術 | 高藤聰一郎著 | 200 元 |

| | | |
|---|---|---|
| 17. 仙道符咒氣功法 | 高藤聰一郎著 | 220 元 |
| 18. 仙道風水術尋龍法 | 高藤聰一郎著 | 200 元 |
| 19. 仙道奇蹟超幻像 | 高藤聰一郎著 | 200 元 |
| 20. 仙道鍊金術房中法 | 高藤聰一郎著 | 200 元 |
| 21. 奇蹟超醫療治癒難病 | 深野一幸著 | 220 元 |
| 22. 揭開月球的神秘力量 | 超科學研究會 | 180 元 |
| 23. 西藏密教奧義 | 高藤聰一郎著 | 250 元 |
| 24. 改變你的夢術入門 | 高藤聰一郎著 | 250 元 |

## ・養 生 保 健・電腦編號 23

| | | |
|---|---|---|
| 1. 醫療養生氣功 | 黃孝寬著 | 250 元 |
| 2. 中國氣功圖譜 | 余功保著 | 230 元 |
| 3. 少林醫療氣功精粹 | 井玉蘭著 | 250 元 |
| 4. 龍形實用氣功 | 吳大才等著 | 220 元 |
| 5. 魚戲增視強身氣功 | 宮　嬰著 | 220 元 |
| 6. 嚴新氣功 | 前新培金著 | 250 元 |
| 7. 道家玄牝氣功 | 張　章著 | 200 元 |
| 8. 仙家秘傳袪病功 | 李遠國著 | 160 元 |
| 9. 少林十大健身功 | 秦慶豐著 | 180 元 |
| 10. 中國自控氣功 | 張明武著 | 250 元 |
| 11. 醫療防癌氣功 | 黃孝寬著 | 250 元 |
| 12. 醫療強身氣功 | 黃孝寬著 | 250 元 |
| 13. 醫療點穴氣功 | 黃孝寬著 | 250 元 |
| 14. 中國八卦如意功 | 趙維漢著 | 180 元 |
| 15. 正宗馬禮堂養氣功 | 馬禮堂著 | 420 元 |
| 16. 秘傳道家筋經內丹功 | 王慶餘著 | 280 元 |
| 17. 三元開慧功 | 辛桂林著 | 250 元 |
| 18. 防癌治癌新氣功 | 郭　林著 | 180 元 |
| 19. 禪定與佛家氣功修煉 | 劉天君著 | 200 元 |
| 20. 顛倒之術 | 梅自強著 | 360 元 |
| 21. 簡明氣功辭典 | 吳家駿編 | 360 元 |
| 22. 八卦三合功 | 張全亮著 | 230 元 |
| 23. 朱砂掌健身養生功 | 楊永著 | 250 元 |
| 24. 抗老功 | 陳九鶴著 | 230 元 |
| 25. 意氣按穴排濁自療法 | 黃啟運編著 | 250 元 |

## ・社會人智囊・電腦編號 24

| | | |
|---|---|---|
| 1. 糾紛談判術 | 清水增三著 | 160 元 |
| 2. 創造關鍵術 | 淺野八郎著 | 150 元 |
| 3. 觀人術 | 淺野八郎著 | 180 元 |
| 4. 應急詭辯術 | 廖英迪編著 | 160 元 |

| | | | |
|---|---|---|---|
| 5. | 天才家學習術 | 木原武一著 | 160 元 |
| 6. | 貓型狗式鑑人術 | 淺野八郎著 | 180 元 |
| 7. | 逆轉運掌握術 | 淺野八郎著 | 180 元 |
| 8. | 人際圓融術 | 澀谷昌三著 | 160 元 |
| 9. | 解讀人心術 | 淺野八郎著 | 180 元 |
| 10. | 與上司水乳交融術 | 秋元隆司著 | 180 元 |
| 11. | 男女心態定律 | 小田晉著 | 180 元 |
| 12. | 幽默說話術 | 林振輝編著 | 200 元 |
| 13. | 人能信賴幾分 | 淺野八郎著 | 180 元 |
| 14. | 我一定能成功 | 李玉瓊譯 | 180 元 |
| 15. | 獻給青年的嘉言 | 陳蒼杰譯 | 180 元 |
| 16. | 知人、知面、知其心 | 林振輝編著 | 180 元 |
| 17. | 塑造堅強的個性 | 坂上肇著 | 180 元 |
| 18. | 為自己而活 | 佐藤綾子著 | 180 元 |
| 19. | 未來十年與愉快生活有約 | 船井幸雄著 | 180 元 |
| 20. | 超級銷售話術 | 杜秀卿譯 | 180 元 |
| 21. | 感性培育術 | 黃靜香編著 | 180 元 |
| 22. | 公司新鮮人的禮儀規範 | 蔡媛惠譯 | 180 元 |
| 23. | 傑出職員鍛鍊術 | 佐佐木正著 | 180 元 |
| 24. | 面談獲勝戰略 | 李芳黛譯 | 180 元 |
| 25. | 金玉良言撼人心 | 森純大著 | 180 元 |
| 26. | 男女幽默趣典 | 劉華亭編著 | 180 元 |
| 27. | 機智說話術 | 劉華亭編著 | 180 元 |
| 28. | 心理諮商室 | 柯素娥譯 | 180 元 |
| 29. | 如何在公司崢嶸頭角 | 佐佐木正著 | 180 元 |
| 30. | 機智應對術 | 李玉瓊編著 | 200 元 |
| 31. | 克服低潮良方 | 坂野雄二著 | 180 元 |
| 32. | 智慧型說話技巧 | 沈永嘉編著 | 180 元 |
| 33. | 記憶力、集中力增進術 | 廖松濤編著 | 180 元 |
| 34. | 女職員培育術 | 林慶旺編著 | 180 元 |
| 35. | 自我介紹與社交禮儀 | 柯素娥編著 | 180 元 |
| 36. | 積極生活創幸福 | 田中真澄著 | 180 元 |
| 37. | 妙點子超構想 | 多湖輝著 | 180 元 |
| 38. | 說 NO 的技巧 | 廖玉山編著 | 180 元 |
| 39. | 一流說服力 | 李玉瓊編著 | 180 元 |
| 40. | 般若心經成功哲學 | 陳鴻蘭編著 | 180 元 |
| 41. | 訪問推銷術 | 黃靜香編著 | 180 元 |
| 42. | 男性成功秘訣 | 陳蒼杰編著 | 180 元 |

## ・精 選 系 列・ 電腦編號 25

| | | | |
|---|---|---|---|
| 1. | 毛澤東與鄧小平 | 渡邊利夫等著 | 280 元 |
| 2. | 中國大崩裂 | 江戶介雄著 | 180 元 |
| 3. | 台灣・亞洲奇蹟 | 上村幸治著 | 220 元 |

4. 7-ELEVEN 高盈收策略　國友隆一著　180 元
5. 台灣獨立（新・中國日本戰爭一）　森詠著　200 元
6. 迷失中國的末路　江戶雄介著　220 元
7. 2000 年 5 月全世界毀滅　紫藤甲子男著　180 元
8. 失去鄧小平的中國　小島朋之著　220 元
9. 世界史爭議性異人傳　桐生操著　200 元
10. 淨化心靈享人生　松濤弘道著　220 元
11. 人生心情診斷　賴藤和寬著　220 元
12. 中美大決戰　檜山良昭著　220 元
13. 黃昏帝國美國　莊雯琳譯　220 元
14. 兩岸衝突（新・中國日本戰爭二）　森詠著　220 元
15. 封鎖台灣（新・中國日本戰爭三）　森詠著　220 元
16. 中國分裂（新・中國日本戰爭四）　森詠著　220 元
17. 由女變男的我　虎井正衛著　200 元
18. 佛學的安心立命　松濤弘道著　220 元

## ・運動遊戲・電腦編號 26

1. 雙人運動　李玉瓊譯　160 元
2. 愉快的跳繩運動　廖玉山譯　180 元
3. 運動會項目精選　王佑京譯　150 元
4. 肋木運動　廖玉山譯　150 元
5. 測力運動　王佑宗譯　150 元
6. 游泳入門　唐桂萍編著　200 元

## ・休閒娛樂・電腦編號 27

1. 海水魚飼養法　田中智浩著　300 元
2. 金魚飼養法　曾雪玫譯　250 元
3. 熱門海水魚　毛利匡明著　480 元
4. 愛犬的教養與訓練　池田好雄著　250 元
5. 狗教養與疾病　杉浦哲著　220 元
6. 小動物養育技巧　三上昇著　300 元
20. 園藝植物管理　船越亮二著　200 元

## ・銀髮族智慧學・電腦編號 28

1. 銀髮六十樂逍遙　多湖輝著　170 元
2. 人生六十反年輕　多湖輝著　170 元
3. 六十歲的決斷　多湖輝著　170 元
4. 銀髮族健身指南　孫瑞台編著　250 元

## ·飲食保健·電腦編號 29

| | | | |
|---|---|---|---|
| 1. | 自己製作健康茶 | 大海淳著 | 220 元 |
| 2. | 好吃、具藥效茶料理 | 德永睦子著 | 220 元 |
| 3. | 改善慢性病健康藥草茶 | 吳秋嬌譯 | 200 元 |
| 4. | 藥酒與健康果菜汁 | 成玉編著 | 250 元 |
| 5. | 家庭保健養生湯 | 馬汴梁編著 | 220 元 |
| 6. | 降低膽固醇的飲食 | 早川和志著 | 200 元 |
| 7. | 女性癌症的飲食 | 女子營養大學 | 280 元 |
| 8. | 痛風者的飲食 | 女子營養大學 | 280 元 |
| 9. | 貧血者的飲食 | 女子營養大學 | 280 元 |
| 10. | 高脂血症者的飲食 | 女子營養大學 | 280 元 |
| 11. | 男性癌症的飲食 | 女子營養大學 | 280 元 |
| 12. | 過敏者的飲食 | 女子營養大學 | 280 元 |
| 13. | 心臟病的飲食 | 女子營養大學 | 280 元 |

## ·家庭醫學保健·電腦編號 30

| | | | |
|---|---|---|---|
| 1. | 女性醫學大全 | 雨森良彥著 | 380 元 |
| 2. | 初為人父育兒寶典 | 小瀧周曹著 | 220 元 |
| 3. | 性活力強健法 | 相建華著 | 220 元 |
| 4. | 30 歲以上的懷孕與生產 | 李芳黛編著 | 220 元 |
| 5. | 舒適的女性更年期 | 野末悅子著 | 200 元 |
| 6. | 夫妻前戲的技巧 | 笠井寬司著 | 200 元 |
| 7. | 病理足穴按摩 | 金慧明著 | 220 元 |
| 8. | 爸爸的更年期 | 河野孝旺著 | 200 元 |
| 9. | 橡皮帶健康法 | 山田晶著 | 180 元 |
| 10. | 三十三天健美減肥 | 相建華等著 | 180 元 |
| 11. | 男性健美入門 | 孫玉祿編著 | 180 元 |
| 12. | 強化肝臟秘訣 | 主婦の友社編 | 200 元 |
| 13. | 了解藥物副作用 | 張果馨譯 | 200 元 |
| 14. | 女性醫學小百科 | 松山榮吉著 | 200 元 |
| 15. | 左轉健康法 | 龜田修等著 | 200 元 |
| 16. | 實用天然藥物 | 鄭炳全編著 | 260 元 |
| 17. | 神秘無痛平衡療法 | 林宗駛著 | 180 元 |
| 18. | 膝蓋健康法 | 張果馨譯 | 180 元 |
| 19. | 針灸治百病 | 葛書翰著 | 250 元 |
| 20. | 異位性皮膚炎治癒法 | 吳秋嬌譯 | 220 元 |
| 21. | 禿髮白髮預防與治療 | 陳炳崑編著 | 180 元 |
| 22. | 埃及皇宮菜健康法 | 飯森薰著 | 200 元 |
| 23. | 肝臟病安心治療 | 上野幸久著 | 220 元 |
| 24. | 耳穴治百病 | 陳抗美等著 | 250 元 |
| 25. | 高效果指壓法 | 五十嵐康彥著 | 200 元 |

26. 瘦水、胖水　鈴木園子著　200元
27. 手針新療法　朱振華著　200元
28. 香港腳預防與治療　劉小惠譯　200元
29. 智慧飲食吃出健康　柯富陽編著　200元
30. 牙齒保健法　廖玉山編著　200元
31. 恢復元氣養生食　張果馨譯　200元
32. 特效推拿按摩術　李玉田著　200元
33. 一週一次健康法　若狹真著　200元
34. 家常科學膳食　大塚滋著　200元
35. 夫妻們關心的男性不孕　原利夫著　220元
36. 自我瘦身美容　馬野詠子著　200元
37. 魔法姿勢益健康　五十嵐康彥著　200元
38. 眼病錘療法　馬栩周著　200元
39. 預防骨質疏鬆症　藤田拓男著　200元
40. 骨質增生效驗方　李吉茂編著　250元

## ·超經營新智慧· 電腦編號 31

1. 躍動的國家越南　林雅倩譯　250元
2. 甦醒的小龍菲律賓　林雅倩譯　220元
3. 中國的危機與商機　中江要介著　250元
4. 在印度的成功智慧　山內利男著　220元
5. 7-ELEVEN 大革命　村上豐道著　200元

## ·心靈雅集· 電腦編號 00

1. 禪言佛語看人生　松濤弘道著　180元
2. 禪密教的奧秘　葉逯謙譯　120元
3. 觀音大法力　田口日勝著　120元
4. 觀音法力的大功德　田口日勝著　120元
5. 達摩禪 106 智慧　劉華亭編譯　220元
6. 有趣的佛教研究　葉逯謙編譯　170元
7. 夢的開運法　蕭京凌譯　130元
8. 禪學智慧　柯素娥編譯　130元
9. 女性佛教入門　許俐萍譯　110元
10. 佛像小百科　心靈雅集編譯組　130元
11. 佛教小百科趣談　心靈雅集編譯組　120元
12. 佛教小百科漫談　心靈雅集編譯組　150元
13. 佛教知識小百科　心靈雅集編譯組　150元
14. 佛學名言智慧　松濤弘道著　220元
15. 釋迦名言智慧　松濤弘道著　220元
16. 活人禪　平田精耕著　120元
17. 坐禪入門　柯素娥編譯　150元

| | | |
|---|---|---|
| 18. 現代禪悟 | 柯素娥編譯 | 130 元 |
| 19. 道元禪師語錄 | 心靈雅集編譯組 | 130 元 |
| 20. 佛學經典指南 | 心靈雅集編譯組 | 130 元 |
| 21. 何謂「生」阿含經 | 心靈雅集編譯組 | 150 元 |
| 22. 一切皆空　般若心經 | 心靈雅集編譯組 | 180 元 |
| 23. 超越迷惘　法句經 | 心靈雅集編譯組 | 130 元 |
| 24. 開拓宇宙觀　華嚴經 | 心靈雅集編譯組 | 180 元 |
| 25. 真實之道　法華經 | 心靈雅集編譯組 | 130 元 |
| 26. 自由自在　涅槃經 | 心靈雅集編譯組 | 130 元 |
| 27. 沈默的教示　維摩經 | 心靈雅集編譯組 | 150 元 |
| 28. 開通心眼　佛語佛戒 | 心靈雅集編譯組 | 130 元 |
| 29. 揭秘寶庫　密教經典 | 心靈雅集編譯組 | 180 元 |
| 30. 坐禪與養生 | 廖松濤譯 | 110 元 |
| 31. 釋尊十戒 | 柯素娥編譯 | 120 元 |
| 32. 佛法與神通 | 劉欣如編著 | 120 元 |
| 33. 悟（正法眼藏的世界） | 柯素娥編譯 | 120 元 |
| 34. 只管打坐 | 劉欣如編著 | 120 元 |
| 35. 喬答摩・佛陀傳 | 劉欣如編著 | 120 元 |
| 36. 唐玄奘留學記 | 劉欣如編著 | 120 元 |
| 37. 佛教的人生觀 | 劉欣如編譯 | 110 元 |
| 38. 無門關(上卷) | 心靈雅集編譯組 | 150 元 |
| 39. 無門關(下卷) | 心靈雅集編譯組 | 150 元 |
| 40. 業的思想 | 劉欣如編著 | 130 元 |
| 41. 佛法難學嗎 | 劉欣如著 | 140 元 |
| 42. 佛法實用嗎 | 劉欣如著 | 140 元 |
| 43. 佛法殊勝嗎 | 劉欣如著 | 140 元 |
| 44. 因果報應法則 | 李常傳編 | 180 元 |
| 45. 佛教醫學的奧秘 | 劉欣如編著 | 150 元 |
| 46. 紅塵絕唱 | 海　若著 | 130 元 |
| 47. 佛教生活風情 | 洪丕謨、姜玉珍著 | 220 元 |
| 48. 行住坐臥有佛法 | 劉欣如著 | 160 元 |
| 49. 起心動念是佛法 | 劉欣如著 | 160 元 |
| 50. 四字禪語 | 曹洞宗青年會 | 200 元 |
| 51. 妙法蓮華經 | 劉欣如編著 | 160 元 |
| 52. 根本佛教與大乘佛教 | 葉作森編 | 180 元 |
| 53. 大乘佛經 | 定方晟著 | 180 元 |
| 54. 須彌山與極樂世界 | 定方晟著 | 180 元 |
| 55. 阿闍世的悟道 | 定方晟著 | 180 元 |
| 56. 金剛經的生活智慧 | 劉欣如著 | 180 元 |
| 57. 佛教與儒教 | 劉欣如編譯 | 180 元 |
| 58. 佛教史入門 | 劉欣如編譯 | 180 元 |
| 59. 印度佛教思想史 | 劉欣如編譯 | 200 元 |

國家圖書館出版品預行編目資料

由女變男的我/虎井正衛著，林瑞玉譯
——初版，——臺北市，大展，民87
面；21公分，——（精選系列；17）
譯自：女から男になったワタシ
ISBN 957-557-816-3（平裝）
1.虎井正衛—傳記 2.變性
544.75 87004678



**由女變男的我**

ISBN 957-557-816-3

原 著 者/ 虎 井 正 衛
編 譯 者/ 林 瑞 玉
發 行 人/ 蔡 森 明
出 版 者/ 大展出版社有限公司
社 址/ 台北市北投區（石牌）致遠一路2段12巷1號
電 話/（02）28236031・28236033
傳 真/（02）28272069
郵政劃撥/ 0166955-1
登 記 證/ 局版臺業字第2171號
承 印 者/ 國順圖書印刷公司
裝 訂/ 嶸興裝訂有限公司
排 版 者/ 弘益電腦排版有限公司
初版 1 刷/ 1998年（民87年） 4月

定 價/ 200元